国学经典导读

叶汉声 著

湖南师范大学出版社

图书在版编目（CIP）数据

国学经典导读／叶汉声著．—长沙：湖南师范大学出版社，2015.7
ISBN 978-7-5648-2175-3

Ⅰ．①国… Ⅱ．①叶… Ⅲ．①国学—通俗读物 Ⅳ．①Z126-49

中国版本图书馆 CIP 数据核字（2015）第 147694 号

国学经典导读

叶汉声　著

◇策划组稿：李　阳
◇责任编辑：江洪波
◇责任校对：张晓芳
◇出版发行：湖南师范大学出版社
　　　　　　地址／长沙市岳麓山　邮编／410081
　　　　　　电话／0731.88873070　88873071　传真／0731.88872636
　　　　　　网址／http://press.hunnu.edu.cn
◇经销：湖南省新华书店
◇印刷：天津画中画印刷有限公司
◇开本：710mm×1000mm　1/16
◇印张：14.75
◇字数：230 千字
◇版次：2015 年 9 月第 1 版　2024 年 8 月第 4 次印刷
◇书号：ISBN 978-7-5648-2175-3
◇定价：52.00 元

凡购本书，如有缺页、倒页、脱页，由本社发行部调换
本社购书热线：0731.88872256　88872636
投稿热线：0731.88872256　13975805626

浚源流远　固本木茂
——读《国学经典导读》的感悟
（代序）

沈端民

魏徵在《谏太宗十思疏》曰："欲流之远者必浚其泉源。""求木之长者必固其根本。"浩浩长江历经万古沧桑，遭受无数山阻、迂回和曲折而能日夜流动不息者，在于它的源头有常年深厚的积雪，有丰沛的融雪之水。参天大树在无数次风霜雨雪、严寒酷暑等的煎熬中能枝繁叶茂者，在于它根基巩固，根须深长。中华民族经历了五千年不息干戈的蹂躏、频繁的王朝更迭和多次兴盛衰微的变化而一直能坚强不屈地屹立于世界不败民族之强林者，在于她有非常丰富、深厚、优秀的传统文化。

如果不积极保护江河源头，一泻千里、汹涌澎湃的流水就有可能逐渐细小、枯竭；如果不夯实扎根的基础以让根须深长发展，挺拔苍劲的大树就会叶落枝枯而死亡。同理，如果不保护长期形成的丰富而优秀的传统文化，长治久安的国家、兴旺发达的民族也有可能在不知不觉中慢慢消沉、衰败。

源丰则流长，根深则树昌。国家和民族精神的根源在优秀的传统文化。传统文化积淀深厚，则其国家就巩固强大，其民族就繁盛进取。这是自然界和人类社会不可改变的逻辑和颠扑不破的真理。历史经验证明，只要遵循这一逻辑并坚持按这一真理办事，我们的国家和民族就能长久地巍然屹立于地球的东方，并昂首挺胸地朝着更高级阶段的文明社会不断发展。

也不难发现：在某个历史时期，或有一种现象掩盖另一种现象。当现代文明汹涌澎湃地冲击、洗涤并繁荣神州大地时，一味崇尚西方的虚无主义者乘机偷袭而来，狼奔豕突，甚嚣尘上。他们摇唇鼓舌地"数"西方之"典"而"忘"却了自己之"祖"，或开口闭口、喋喋不休地夸说西方如何如何，涎水直喷，而对自己优秀的传统文化则极尽贬抑之能事，甚至破口大骂其"落后"。在这种龌龊潮流的污染和侵蚀下，某些人的头脑中逐渐"去中国传统文化化"了；某些地方的"头头"也挥起大板斧残酷无情地砍掉了一些小学中学语文等教材中深深扎根在一代又一代人头脑中的古典名著；某些高等院校也取消了以中国古代名家名作为主要材料的《大学语文》等课程……导致的直接现实是，许许多多青少年对自己民族的传统文化近乎一无所知或知之很少，其头脑中的中华民族传统文化成了一片空白，他们成了土生土长的"西方文化移民"。一个民族传统文化后继无人，这个民族的精神就会随之衰颓、消失，这个作为具有特定个性意义的民族就会蜕变为具有别类个性特征的异类。

众所周知，花开千朵，一本所系；水流万里，起于源头。古代文明是现代文明的祖源，是人类共同的财富。现代文明程度越高思祖探本索源的意识越强。中国是世界四大文明古国之一，为世界文明的发展做出了永不磨灭的杰出贡献。世界人民对中国古代优秀的传统文化"国学"十分崇敬，倾心学习，这就是孔子学院之所以能在世界一百多个国家和地区蓬勃发展的历史根源和思想基础。在此面前，那些企图阉割中国古代传统文化的人应该问心有愧、汗颜无地。

任何能在旷日持久的大浪淘沙中生存和发展的民族，必定会创造出代表自己智慧、个性的传统文化。这个传统文化是其民族的灵魂和精神支柱。没有灵魂和精神支柱的民族，必将在或快或慢的时间以这样或那样的形式衰败，进而消亡，古代巴比伦就是例证。某个民族在外来侵略下被消灭的例子不胜枚举，历史的教训应当牢牢记取，我们一定要有危机感。民族危机深刻地表现在民族传统文化的危机上。如果一个民族优秀的传统文化日渐被稀释被淡忘，这个民族的精神就会从根本上衰微、萎靡。

当今，某些人在西方文化的影响下，对中华民族传统文化进行了自觉或不自觉的淡化、消除，刮起了阵阵刺肤钻骨的歪风邪气，制造了"袅袅兮秋风，洞庭波兮木叶下"（屈原《九歌·湘夫人》）的凄凉景象。在某些地方，民族虚无主义的歪风邪气甚嚣尘上，咄咄逼人。"寒露滴鸣蛩"（唐代钱起《晚次宿预馆》），朔风残绿荷。我们的确感觉到了一种民族传统文化被消亡的危险。

"危险"的处境是恐怖的，稍不注意，就有可能因失足而坠落，而被埋葬。"危险"又是一种强悍的警钟，可以清醒人们的头脑，激励其求生的欲望，鼓舞其战斗意志，并促使其努力采取种种措施以积极转"危"为安，化"险"为夷。

我国在遭受日本帝国主义的野蛮侵略时，田汉和聂耳在《义勇军进行曲》中大声疾呼："中华民族到了最危险的时候！"雄伟悲壮的歌曲极大地鼓舞了人们的昂扬斗志，终于战胜了日本帝国主义。当前，某些人用西方毒箭猛射中华民族优秀的传统文化，气势汹汹，恶浪滚滚。习近平同志挺身而出，力挽狂澜，不仅强声号召全党全国人民努力实现复兴伟大中华民族的"中国梦"，而且在各种讲话和文件中率先垂范，数百次地引用"奉法者强则国强"、"打铁还得自身硬"等具有鲜活生命力的古典名言俗语，大力张扬中华民族优秀传统文化的勃勃生机和巨大魅力。他还针对上海删除中小学语文课本中的古典文学名作的严重事件，旗帜鲜明地表明态度："我很不赞成把古代经典诗词和散文从课本中去掉！"

习近平同志立场坚定、态度严肃地批判当下"去中国古代经典化"的极端严重的问题，极大地鼓舞了国民保护国学等传统文化的战斗士气。现实是历史的继续。否定历史就是否定现实的来龙去脉，就是否定现实存在的合理性、合法性。人民决不答应。民族传统文化是民族生存的象征，也是民族发展的巨大动力，也是爱国者爱国的丰富的精神食粮。为了保卫我们赖以浩气长存的"精神食粮"，多少年来，许多仁人志士与糟蹋、阉割中华民族悠久传统文化的魑魅魍魉做了大量不屈不挠的斗争。叶汉声教授是其中的一个勇士。他在耄耋之年仍然战斗不息，应习近平号召之声投袂而起，强撑着赢弱的身体夜以继日、呕心沥血地编著《国学经典导读》并公开出版。这是他在保护中华民族传统文化的斗争中取得的重要成果。也是他几十年如一日地不离不弃地弘扬我国非物质文化遗产——古琴的战斗成果的姐妹篇。

一般来说，在积淀很久很深很厚的传统文化中出类拔萃、历千古而不衰的主要作品谓之"国学"。

什么是"国学"？叶汉声教授是这样界定的："所谓国学，是指以儒学为主体的中国传统学术文化，是一整套系统完整的学术文化，不是专指某一学科，是全球十几亿华人的共同精神家园，在国际上称为'汉学'或'中国学'。""国学内容博大精深，卷帙浩繁，初唐官方藏书分为经、史、子、集四个书库，称为《四库之书》。"

"国学"是无价之宝，其知识广阔如海，包罗万象；其数量厚重若山，汗牛充栋。对于一般人而言，大量阅读材料如此之丰繁之众多的"国学"的确有很大的困难。但了解其中的精华则是非常必要的，也是可能的，于是就有了"国学经典"之说。

何谓"国学经典"？《国学经典导读》说："'经典'二字有广狭二义，广义地说，不论思想性、技术性或艺术性的著作，凡是有所创见，有所发明，说理严谨，达意透彻，抒情灵动，能启人思想，益人智慧，撼人灵魂而有长期存留价值者，皆可称为经典。例如《营造法式》是建筑学经典，《牡丹亭》《红楼梦》是文学经典等。'国学经典'则具有特定的涵义，一般指儒家'四书五经'及先秦诸子中具有重要代表性的作品。具体说来，它包括《大学》《中庸》《论语》《孟子》《易经》《尚书》《诗经》《礼记》《墨子》《老子》《庄子》《荀子》《韩非子》《孙子兵法》《吕氏春秋》《国语》《战国策》《左传》《楚辞》等。这些典籍记载了我中华民族开创以来三千多年文化的结晶，其中所阐明的人类求生存、求发展的道理历数几千年考验而与日弥新。它们具有超越时空的品格，只要地球村里还有华人，还有华夏文明，这些经典就会被珍视、被传承和创新。"

分析"界定"中的内容，或可认为，"国学"是总结中国古代修身齐家治国平天下的成功和失败的正反两个方面经验的学问。"国学经典"则是"国学"丰富宝库的高度浓缩和纯粹结晶，是精华中的精华。

自然界可供人类食用的东西很多很多，人们不可能囫囵吞枣，包食万种。但完全可以根据自己所处的天时地利人和等条件从"很多很多"中选择那适合自己胃口的精华而食用之。对于人类的精神食粮也是如此。由此，可以理解叶汉声教授编著《国学经典导读》的良苦用心。

埋藏数万年的璞玉，需要玉工精心琢磨才能闪现出灿烂的光辉。神工鬼斧、千奇百怪的山川，经过"导游"的解说才能展示它内蕴无穷的魅力。"国学"产生的年代久远，虽然价值连城，但几千年后的人已经在经济水平、政治观念、思想意识、道德修养、文化素质、生活习惯、兴趣爱好、阅读取向等方面有了很大的变化，或难以认识其深蕴的价值。这就需要有人"导读"。叶汉声教授《国学经典导读》的问世，可以帮助现代读者"入门"，可以扩大其读者的群面。这对于普及"国学"具有非常积极的意义。在"导读"下，很多很多人阅读"国学"及其"经典"，有如千军万马同"浚源"，我们伟大中华民族传统文化的江河就能流水长远、波涛滚滚、后浪推前浪地奔腾向前发展；有如群策群力科学地探寻并培护民族传统文化大树之根基，我们伟大的中华民族传统文化之森林就会四季青翠，遍地绿荫，生机勃勃。

我有幸在《国学经典导读》付梓之前先睹为快。在叶汉声教授的"导读"下，我接受了一次"国学"知识的再教育，吸取了非常丰富的精神营养，从而更加深了自己的民族自豪感，也更激起了自己加倍努力创造我国未来灿烂文明的热情。我相信读到此书的朋友也会与我一样产生这样的感受。

2015 年 3 月 7 日于湖南大学（北）庙坡寓所

目录

绪 论 ··· 001
    第一节 国学概说 ··· 001
    第二节 国学经典的重要性及其学习方法 ·································· 004

第一章 《大学章句》导读 ·· 016
    第一节 《大学章句》概说 ··· 016
    第二节 《大学章句》原文选读 ·· 017

第二章 《中庸章句》导读 ·· 021
    第一节 《中庸章句》概说 ··· 021
    第二节 《中庸章句》原文选读 ·· 022

第三章 《论语》导读 ·· 025
    第一节 《论语》概说 ·· 025
    第二节 《论语》原文选读 ··· 028

第四章 《孟子》导读 ·· 041
    第一节 《孟子》概说 ·· 041
    第二节 《孟子》原文选读 ··· 044

第五章 《易经》导读 ·· 050
    第一节 《易经》概说 ·· 050
    第二节 《易经》原文选读 ··· 051

第六章 《尚书》导读 ································· 062
第一节 《尚书》概说 ······························ 062
第二节 《尚书》原文选读 ························ 064

第七章 《诗经》导读 ································· 072
第一节 《诗经》概说 ······························ 072
第二节 《诗经》原文选读 ························ 074

第八章 《礼记》导读 ································· 077
第一节 《礼记》概说 ······························ 077
第二节 《礼记》原文选读 ························ 080

第九章 《墨子》导读 ································· 088
第一节 《墨子》概说 ······························ 088
第二节 《墨子》原文选读 ························ 089

第十章 《老子》导读 ································· 092
第一节 《老子》概说 ······························ 092
第二节 《老子》原文选读 ························ 097

第十一章 《庄子》导读 ······························ 107
第一节 《庄子》概说 ······························ 107
第二节 《庄子》原文选读 ························ 112

第十二章 《荀子》导读 ······························ 118
第一节 《荀子》概说 ······························ 118
第二节 《荀子》原文选读 ························ 120

第十三章 《韩非子》导读 ··························· 128
第一节 《韩非子》概说 ···························· 128
第二节 《韩非子》原文选读 ······················ 130

第十四章 《孙子兵法》导读 ························ 136
第一节 《孙子兵法》概说 ························ 136

第二节　《孙子兵法》原文选读……………………………………… 139
第十五章　《吕氏春秋》导读…………………………………………… 144
　　第一节　《吕氏春秋》概说…………………………………………… 144
　　第二节　《吕氏春秋》原文选读……………………………………… 145
第十六章　《国语》导读………………………………………………… 150
　　第一节　《国语》概说………………………………………………… 150
　　第二节　《国语》原文选读…………………………………………… 151
第十七章　《战国策》导读……………………………………………… 161
　　第一节　《战国策》概说……………………………………………… 161
　　第二节　《战国策》原文选读………………………………………… 162
第十八章　《左传》导读………………………………………………… 178
　　第一节　《左传》概说………………………………………………… 178
　　第二节　《左传》原文选读…………………………………………… 179
第十九章　《楚辞》导读………………………………………………… 189
　　第一节　《楚辞》概说………………………………………………… 189
　　第二节　《离骚》原文今译…………………………………………… 190

参考书目………………………………………………………………… 218
后　　记………………………………………………………………… 221

绪 论

第一节 国学概说

一、什么是国学

所谓国学,是指以儒学为主体的中国传统学术文化,是一整套系统完整的学术文化,不是专指某一学科,是全球十几亿华人的共同精神家园,在国际上称为"汉学"或"中国学"。

国学这个名词出现于清末废科举兴办西式分科教学,西方的数、理、化、天、地、生、文、史、哲、医、工、农等单门学科传入之后,由章太炎等人将中国原有学术文化概括成一个新词,但它的内容在中国早已存在几千年,是中国历代一批批具备深邃敏锐识见、渊博厚实学养的贤哲在漫长的历史播迁中,以立意高远,构架宏伟,体裁多样,数量浩瀚的学术著作,一卷继一卷地积渐而成的,是中华民族五千年共同创造的精神遗产。这些以经、史、子、集分类的鸿篇巨制,同时也是世界人类文明的重要组成部分。

二、国学的内容及分类

国学内容博大精深,卷帙浩繁,初唐官方藏书分为经、史、子、集四个书库,称为四库之书,清代官修"四库全书"也采用经、史、子、集的分法。

经部为四部之首,又称甲部,主要收儒家典籍与小学(即文字学),大致分为易、书、诗、礼、乐、春秋、孝经、五经总义、四书及小学十类,汉代立诗、书、易、礼、春秋于学宫,为五经。历经演变,至南宋朱熹作诗书集传,四书集注,形成了"十三经"(尚书、易经、诗经、周礼、仪礼、礼记、左传、公羊传、谷梁传、论语、孟子、孝经、尔雅)。清代的阮元又合刻《十三经注疏》,从此,十三经的崇高地位更加深入人心,十三经的地位和影响是任何其他典籍无法比拟的。

史部又称乙部,收录各种类型和体裁的史籍著作,其中最重要的首推正史即二十四史,此外还有别史、杂史、稗史、野史等。史书的体例有纪传体、编年体、纪事本末体、国别体,分别以《史记》《资治通鉴》《通鉴纪事本末》《国语》为代表。

子部又称丙部,专收诸子百家释道宗教及艺术、谱录及类书,《四库全书》分子部为十四类,儒家、兵家、法家、农家、医家、天文算法、术数、艺术、谱录、杂家、类书、小说家、释家、道家,其中最重要的是儒、墨、道、法、兵及《吕氏春秋》等诸家。

集部又称丁部,集部书籍浩如烟海,主要收录古代文学及文学批评类作品,《四库全书》将集部分为楚辞类、别集类、总集类、诗文评类、词曲类等。集部书中,楚辞最古,思想性、艺术性极高,影响极大,其地位在经部与集部之间,有《离骚经》之称。

三、国学经典的概念

"经典"二字有广狭二义,广义地说,不论思想性、技术性或艺术性的著作,凡是有所创见、有所发明,说理严谨、达意透彻、抒情灵动,能启人思想、益人智慧,撼人灵魂而有长期价值者,皆可称为经典。例如《营造法式》是建筑学经典,《牡丹亭》《红楼梦》是文学经典等都属于广义的经典,"国学经典"则具有特定的涵义,一般指儒家"四书五经"及先秦诸子中重要代表性作品,具体说来,包括《大学》《中庸》《论语》《孟子》《易经》《尚书》《诗经》《礼记》《墨子》《老子》《庄子》《荀子》《韩非子》《孙子兵法》《吕氏春秋》《国语》《战国策》《左传》《楚辞》。这些典籍记载了我中华民族开创以来约三千年文化的结晶，其中所阐明的人类求生存、求发展的道理历数千年考验而历久弥新。它们具有超越时空的品格，只要地球村里还有华人，还有华夏文明，这些经典就会被珍视、被传承和创新。

应当指出，国学经典之经与佛教之经以及基督教之《圣经》，虽字面上都有一经字，但实质上有本质区别。近代人因为佛教《金刚经》、耶教《圣经》都属宗教，就把国学里的"经"也混为一解。曾有所谓"儒教"或"孔教"的说法，实为大误。佛经、圣经的"经"字是后人翻译时随便引用，并不和国学中的"经"字原意相符，国学中"经"字原义只是一经一纬的经，即是一根线，所谓经书只是一种线装书的意思，明代有线装书的名目，是为了区别于一页页散放的八股文墨卷，因为墨卷无保存价值，故散放，从而把记述较多而需经常翻阅的，做成线装书。古代记事记言于竹简，不及百字者书于方，字多一简不能尽者则连用数简以记，为防散失，用线将若干简串成一本，这种线就是"经"，所谓"易经"、"诗经"等经就是用线串装的记录占卜、民歌的古代线装书，并无宗教的意义。中国自古即薄于宗教思想，早在西周中国知识阶层的思想就由原始巫术转向现实人生政治，到东周春秋战国，诸子百家争鸣，主要是政治主张，无意谈论神鬼、上帝、天堂、地狱、轮回转世等概念。老子反对宗教，说"以道莅天下，其鬼不神"；孔子不语怪、力、乱、神，他虽然重视祭礼，但主张祭神如神在，一个"如"字明白地告诉我们是没有神的，而且一般百姓主要是祭祖，只有天子才有资格祭天，与耶教、回教的天神是让所有平民膜拜的教义根本不同，九流十家中，墨子讲天、鬼，阴阳家讲龙虎生死，确含某种宗教成分，但并无宗教所需的仪式、教规、教义，与宗教相去甚远。

第二节　国学经典的重要性及其学习方法

一、国学经典的重要性

1. 弘扬民族精神

民族精神是立国之基础，我中华民族立国五千年筚路蓝缕，以启山林，艰苦卓绝，奋斗创造之英雄事迹，立德、立功、立言的不朽成就，有史以来，咸记在经籍典册，学些国学方可认识我民族光荣、博大、深厚之民族精神，以此武装吾人之头脑，俾能在当代复杂尖锐的国际斗争环境中坚定保卫国家之独立与统一。

2. 推进道德建设

西方人道德之养成与提升，多由宗教信仰，我中国人之道德观出于读书明理。我中华民族之道德精神，信条规则，都详明、具体地记载于丰富的国学典籍中，如管仲之礼义廉耻，墨子之兼爱非攻，儒家之诚、敬、忠孝仁爱、信义和平，道家之善利万物而不争等都是我们现在建设和谐社会所必须继承和发扬的。

3. 觉悟人生真谛

中华国学博大精深，顺乎天理，应乎人情，引导人群追求真善美、定向至善，与时俱进。国学中多有世间义理，人生真谛，养天地正气，法古今完人，只有通过系统、扎实的国学修养方可不断提升人格品位，深培文化底蕴，获得丰富智慧，养成高尚气质。

4. 学究天人，变通今古

国学经典经历数千年严峻考验而且历久弥新，其以经典方式提示人类生存发展之道，具有超时空之卓越性与永久魅力。

国学贯彻天人合一原理，指明人在宇宙中的位置，利用自然而不滥用，顺应自然规律以取得社会与自然的和谐发展。

国学为我们准备了世界上时间最长、数量最丰、记事最确、义理最深之史料与史观,使我们得以清醒地认识历史规律,铭记历史教训,以历史的兴亡盛衰为借鉴,顺应历史趋势,以达国家长治久安,经"小康"而向"大同"阔步前进。

二、为什么要学国学

学习国学首先要弄明白学习目的,目的不明,学习效果必然不佳。有人说:现在外国建了几百所孔子学院,连外国人都积极学中国的国学,我们对于自己的国学怎能不问?有的家长说"人家的孩子都学国学了,咱家的孩子可不能落伍",有些有钱的人认为进贵族学校学了国学,可以养成绅士,养成淑女,提高身份地位等。这些看法似是而非,不得要领,学国学不是为了赶时髦,随大流,装门面,对于二十一世纪的儿童、青少年乃至成年人来说,学习国学的目的在于以下三个方面:

1. 获得对我们中华民族优秀前人优良传统的正确认识

能明辨是非,独立思考,成为一个不容易受哄骗愚弄的明白人。我中华民族在亚洲大地立国五千多年,在儒家思想孕育熏陶下产生了无数仁人志士,创造了辉煌的绵延数千年不曾中断的文明,但是二十世纪后期长达三十年的层出不穷的文化批判运动,特别是持续十年的评法批儒,扬秦批孔,批林批孔,形成一种历史虚无主义和社会道德的大滑坡,出现严重的文化危机。20世纪下半叶出生的人,多是在传统文化受到摧残甚至毁灭的环境中成长,他们不仅没有受到国学的熏陶,而且还留有种种对国学负面的看法。至于少年儿童,国学常识几乎成了头脑里的空白,但电视、电脑放映的把国学变得面目全非的种种消遣"戏说",却成了他们的所谓国学"教材"。因此,要从娃娃抓起,提倡少儿学国学,也要从家庭抓起,让为人父母者补上国学课,让他们能在家庭日常生活中给自己的子女以经常的传统文化熏陶。

2. 为实现中华民族伟大复兴

民族复兴是一百多年来全体炎黄子孙共同的愿望。二战后中国人为此目标努力奋斗,在物质建设上取得举世瞩目的成就,但物质建设的成就属于全球化的结果,没有传统文化的复兴,就不可能有真正的民族复兴,在传统文化式微，价值观缺失的情况下，单纯经济增长不可能持久，而且还会发生许多问题。例如单纯追求 GDP，一切向钱看，社会诚信道德滑坡，贪污腐化成风，两极分化日趋严重，官民矛盾尖锐，假冒伪劣商品、超标含毒食品充斥市场，空气水土污染环境恶化等，使每一个人感到生存困惑。只有从解决文化危机入手，弘扬几千年我中华民族赖以生存的优良传统文化，才能振奋民族精神，实现民族文化复兴，而弘扬传统文化就必须熟读传统文化的精髓和核心——国学经典。

3. 为适应 21 世纪及今后世界一体化的发展趋势

苏联解体后，两大阵营政治、经济、文化的对立局面消失，经济全球化，信息全球化进程迅速发展，世界多元文化日益加速互动互补，联合国教科文组织、世界卫生组织、世贸组织等国际性机构的作用和影响日益加深。地球村日渐缩小。中国要在力求实现文化多元化、全球发展一体化的世界舞台上站稳脚跟，并寻求更有影响力的地位。如何面向世界，面向未来是一个必须尽快解决的问题，根据文化发展规律的历史经验，文化传承本是一个不断改变和创新的过程，文化原本是人类共同的财富，中国的和平崛起需要我们主动、快速进入世界多元文化的发展大潮，并由此实现对外来文化的借鉴、吸收与融合。要成功做到借鉴与吸收就必须对我们本身固有的文化优劣精粗有正确的认识和判断，才能够有针对性地取长补短，洋为中用，只有通过知己知彼的比较与选择，才能做到有效的借鉴与吸收，进而推动我国文化的发展。

三、怎样学国学经典

国学大师章太炎先生曾在其《国学概论》的演讲中，提出学国学的五项方法：一是辨古书真传，此事对一般人很难，但清代姚际恒《古今伪书考》可助我们识别真伪。二是通小学，即掌握文字学、音韵学、训诂学知识。三是明地理。四是知古今人情变迁。五是辨文学应用，即需了解中国文学史。

章太炎先生所说，对于治国学的学者专家，自是不刊之论，但在现今一般人，尤其是青少年、儿童、发蒙读国学，不可能完全按章太炎先生所

提要求,我们现在学国学,只要注意下列三个方面:

1. 选择经典之善本

首先要注意直接读经典原本,包括儒家四书五经及先秦重要诸子的代表性著作。在国学经过几十年沉寂而于二十一世纪再兴起"国学热"的今天,在中国大陆,有些人饥不择食,以为国学就是古书,拿起线装书就读,殊不知古书中有不少不是国学,而是混珠的鱼目。例如《周公解梦》《麻衣相法》《堪舆大全》一类的书,翻印者在封面上打上"国学"的印记。其实它们都不是国学,而是古书中的糟粕,应当予以摒弃。另一类如《增广贤文》《幼学故事琼林》《二十四孝》等,与前述纯糟粕有所不同,但也是谷米中混杂稗子、沙石,不宜作蒙童教本。第三类如《千字文》《弟子规》等,其内容性质比上述第一、二类较好,但仍不属国学经典,而属于小艺、小节,虽不必否定,但为节约少年儿童宝贵时间,也不宜作为初学者国学启蒙教材。根据几千年古人读书经验,应当从小就有步骤地直接选读先秦儒家经典及墨、道、法、兵等诸子代表性著作,先在老师指导下精读(能背诵)牢记有代表性的部分篇章或名言佳句,大体了解"轴心时代"(孔子、释迦牟尼、苏格拉底三大文化伟人盖世的时代)我国儒、墨、道、法、兵等诸家学说思想的概况,获得启蒙。在有了一定基础和自学能力后,再进一步作全面系统的研究。

国学在其两千多年流传中,历代都有学者为其作注疏(为经典原著作解释者为注,对注作注者称为疏),注疏有完整、精确程度的不同,又因历史上多次翻印,翻印一次难免出现错漏,校核有精粗的差别,因而发生了版本优劣不齐的现象。在电脑印刷技术高度发达的今天,这个问题仍然存在,我们信手取几本近年出版的介绍国学的书,注疏与校核方面的不妥之处几乎随处可见,例如《孟子·离娄上》原文"争地以战,杀人盈野;争城以战杀人盈城,此所谓率土地而食人肉"。对于这句话,有几本近年出版介绍国学的书中都译成"带领土地来吃人肉"这样不通的句子。编者只知道"率"字有"带领"之义,不知道"率"还有其他十多个含义。在孟子这段话中,"率"字应译为"为"字,即"为(争夺)土地而吃人肉"。在商务印书馆《古代汉语词典》(1998年版)1446页"率"字⑨,即举孟子此语例解甚明。又如上海远东出版社 2011 年印《理解国学》第 106 页载"季文子为鲁国正卿（前 601 年—前 568 年执政）"，执政时间为 601 - 568 = 33 年，可是该书的注译却说"季文子执政六十八年"。不知是怎样计算出的。又如南唐李后主《虞美人》词"春花秋月何时了，往事知多少"，分明是一感叹句，意即"有多少令人感伤的往事啊"。可是有一本介绍国学的书却把它译成疑问句："以往的事情我们又知道多少呢？"此译与原意大相径庭。又如《触詟说赵太后》詟（音则）误为龙，"千古冲冠发"冲误为重，等等，不一而足。

还有如湘潭大学出版社 2011 年 4 月翻印章太炎《国学入门》第 03 页，刊"孟子说千乘之家百乘之家"，遍查《孟子》一书无此字样，但在《大学》中有"伐冰之家"、"百乘之家"，它们是孟献子说的，以章太炎之博，决不会将孟献子与孟子混为一谈。故可以认为是校对人员误以"献"字是衍文而删去，但多出一个孟献子没讲的"千乘之家"，这就不是校对的问题了。

由上可见，为了准确无误地获得古圣先贤原初留给我们的思想信息，选择经典善本是多么重要。兹根据清·阮元校勘《十三经注疏》及二十世纪三十年代世界书局编选刊印《诸子集成》，列举学者必读的国学经典善本书目如下：

（1）《易经》：魏·王弼，韩康伯注，唐·孔颖达正义。

（2）《尚书》：汉·孔安国所传，唐·孔颖达正义。

（3）《诗经》：汉·毛亨傅，郑玄笺，孔颖达正义。

（4）《礼记》：郑玄注，孔颖达正义。

（5）《论语》：魏·何晏集解，宋·邢昺疏，清·刘宝楠正义。

（6）《孟子》：汉·赵岐注，宋·孙奭疏，清·焦循正义。

（7）《荀子》：清·王先谦集解。

（8）《老子》：王弼注，清·魏源本义。

（9）《庄子》：王先谦集解，清·郭庆藩集解。

（10）《墨子》：清·孙诒让《墨子间诂》。

（11）《韩非子》：清·王先慎集解。

(12)《孙子兵法》：曹操杜牧等十家注。

(13)《吕氏春秋》：汉·高诱注。

(14)《楚辞》：汉·王逸《楚辞章句》。

(15)《左传》：左丘明著，晋杜预注，孔颖达正义。

(16)《国语》：左丘明著。

(17)《战国策》：汉·刘向整理。

通常所说四书五经中的《大学》《中庸》也是国学中必读的典籍，但因其原属《礼记》中的篇章，上开书目已列《礼记》，故此处不再列入。

以上各书，初学者不可能全部通读，今依刘向《别录》及四库全书总目提要体例，对与所列书籍各撰概说一篇，俾便读者了解作者生平及思想、书之性质、内容大要、思想价值、历史地位及对后世之影响。并选择原文中最有代表性而富现代价值的部分篇章或名言警句，加以必要的注解和现代语译文，以飨读者。对于初学国学者，本书可作入门引导，故称《国学经典导读》，亦可作为进一步研究原书全文及有关文献之阶梯。

2. 掌握工具书用法

工具书就是字典、词典等帮助我们解决读书中遇到疑难问题的书。章太炎先生所谓治国学五法中第二、三、四法（明小学、明地理、知古今人情变迁）都可通过勘查字典词典等工具书解决。

文字是语言的符号，语言随时代变迁而变化，文字的意义也因时而异，时间愈久，变化愈大，唐朝以前的书很多字义与现在多不相同，至于先秦古籍就更难懂了，要准确理解国学经典的原意，离不开字典、辞书。

下面介绍几种常用的字典辞书及其用法。

(1)《康熙字典》。成书于康熙五十五年（1716年），收字47035个，分214个部首，用部首排列法，全书按子丑寅卯辰巳午未申酉戌亥十二集，每集各分上中下，将214个部首所有的字按笔画数（各字均不含部首笔画）分列于十二集中，如：

子集一画至二画，如：一、乙、二、人、入、刀、力部等。

丑集、寅集三画，如：口、土、女、子、尸、山、弓部等。

卯集、辰集、巳集四画，如：心、户、殳、水、月、欠部等。

午集五画，如：玉、瓜、瓦、皮、皿、矛、石、穴部等。

未集、申集六画，如：竹、缶、舟、虫、衣部等。

酉集七画，如：兄、角、豸、邑、西部等。

戌集八画，九画，如：金、朗、阜、苍、凰部等。

亥集十画以上，如：属、骨、鬲、鬼、鱼部等。

笔画分集歌曰：一二在子三丑寅，四画卯辰巳中寻，五午七酉六未申，八九在戌余亥存。部首排列法实际是按字的偏旁分类。如：床、店、庙、庚、府、度、庭、庵、康、唐等字偏旁都是广，都归入广部，同部首的字再按笔画数分别先后罗列，例如床字在广部四画，店字在广部五画。字典正集前面列有总目、检字、辨似、四声等韵。字典正集后面列有备考（收无从考据的字）和补遗（按音义可增入正集的字）。字典中每一个字都先列注音和反切，后释字义。所谓反切，是用两个字合注一个生字的音，第一字取声母（又称辅音），第二字取韵母（又称元音），辅音轻，元音重，两音相合猛一冲，即得所要查的生字的音——称为［某某切］，唐代以前称［某某反］。例如要查弈字的音，《康熙字典》中注［唐韵］羊益切。［集韵］［正韵］夷益切，音亦。按羊（yang）的声音母为Y，益（yi）的韵母为i，将yi合读即得弈字音yi。反切法不如"汉语拼音方案"清楚准确，但以前的字典辞书，都用反切法，我们读国学书，仍须了解反切法。

查《康熙字典》时，先从正集前面的总目查部首，再按生字的笔画（除部首以外的笔画，例如灯字除部首以外为二画）查找生字，总目中还附列变了形的部首，例如"寅集下"三画，附有下列六个变形部首：

忄即心，扌即手，氵即水，犭即犬，阝在右为邑，阝在左为阜。

例如慢字查心部，握字查手部，清字查水部，猜字查犬部，郸字查邑部，陛字查阜部。

有些字难辨部首，可从检字表（在正集前）按笔画找出该字见其部首。例如检字表中八画的字之部首。

金、长、門、阜、隶、佳、雨、青、非（本身就是部首），蓝（一部），弗（丿部），丽（丶部），乖（丿部），事（亅部），些亚亟（二部），亨京（亠部），來（人部），兒兔兕（儿部），兩（入部），其典（八部），巷叁

（阝部），卒卓场（十部），叔取受（又部），周命杏和（口部），等等。

汉字部首的位置，有左（江松），右（鸠颈），上（花景）、下（婆煎），左上角（型荆），右上角（整望），左下角（颖毅）、右下角（疑赖）、内（周同）、外（圆匡）等多处，故有时一个字可能要查两三次不同的部首，对此要有耐心，也可从字典前面的检字表获得指示。

汉字中有笔画近似，音义显别的字，康熙字典正集前有辨似，如冲（击水）沖（融和），汜（音市，水决复入为汜），氾（同泛），沂（音夷，沂水），泝（音素，逆流而上），戌（音夕，19点—21点），戍（音庶，戍边），己（自我）、已（止）、巳（9点—11点）三字区别为左上大缺、微缺、不缺。

清代王引之著《字典考证》一书，订正《康熙字典》引书名或引文错误共2588条，附于《康熙字典》后，查有关字后宜参考此考证。

（2）《辞源》。《辞源》由商务印书馆1915年初版。

（3）《辞海》。《辞海》由中华书局1936年初版。

《辞源》及《辞海》二书也是按子丑寅卯……戌亥十二集分部首排列（与《康熙字典》同），不同的是每一单字后按笔画多少顺次列出若干复音词或词组，先解释单音字的字义，接着解释复音词或词组的意义和用法，词组包括成语典故，古今人名地名，古今名物制度，现代社会科学，自然科学名词术语。

《辞源》和《辞海》都在前面列有部首索引，可方便找到部首，按部首查字方法与康熙字典同，也有检字表，每字下都注明该字在何集何页。

《辞源》《辞海》二书经1958年分工确定，辞源修订为阅读古籍用的工具书和古典文史研究的参考书，收词一般止于鸦片战争（1840年）。辞海于1979—1983年出修订本1~4册。1988年出合订本一册，收单字12890个，复词84134条，附有汉语拼音总索引和繁简字对照表。

（4）《经典释文》。唐代陆德明撰，该书将《周易》《古文尚书》《毛诗》《三礼》《春秋》《孝经》《论语》《老子》《庄子》《尔雅》诸书之文字，分别给予注音（反切），间加解义，本书为检查先秦国学经典文字形音义之重要工具书，是北京中华书局根据《四部丛刊》清初通志堂版本由黄焯作《经典释文汇校》，于1983年出版，书前有黄焯所作前言。

陆德明《经典释文》对诸书本文和注文的音读，广泛采取各家的音切，全书所采汉魏六朝音切凡二百三十余家，因此保存了唐以前，诸经典中文字的音读，为后人研究此一时期语音的变迁提供了重要资料，陆氏于文字兼收各家训诂，解释词义原训诂有的现时已亡佚，如《庄子》向秀注、司马彪新作注，《尔雅》的刘歆、樊光、孙炎等所作注，都赖陆德明《经典释文》的引用得以保全下来，使后人得以考见古义。陆氏对经典文字异同亦多所考证，其沾溉后学为益甚大。

（5）《助字辨略》。本书为专门研究中国虚字的词典，作者系清初刘淇，本书收集经传子史诗词文集等古书中助字而成，作者在自序中说："构文之道，不过实字虚字两端，实字其体骨，而虚字其性情也，盖文以代言，取肖神理，抗隧之际，轩轾异情，虚字一乖，判于燕越……且夫一字之失，一句为之蹉跎；一句之误，通篇为之梗塞。讨论可缺如乎。"为此，刘淇博求众书，捃拾助字，都为一书，收助字四百七十六字，分列四声，依韵排列，凡属于副词、介词、连词、助动词、助词、感叹词者以及动词、形容词一部分之辞，概分为重言、省文、助语、断词、疑词、咏叹词、急词、缓词、发语组、语已词、散词、别异之词、继事之词、或然之词、原起之词、终竟之词、顿挫之词、承上、转下、语词通用、专词、谨词、叹词、几词、极词、总括之词、方言、倒文、实字虚用三十类，其训释之例有六：①正训，②反训，③通训，④借训，⑤互训，⑥转训。书中各字顺序，按韵排列，每字各条注释的大意，均以简约文字列于书眉，书后附按笔画数多少排列之索引，原书刊于康熙五十年。1940年上海开明书局出版章锡琛校注本，1954年北京中华出局据以重印。

（6）《经传释词》。清王引之撰，孙经世补、再补。《经传释词》从九经三传及周秦西汉书中寻找虚字助字一百六十个，以喉、牙、齿、舌、唇音为序用古注推衍，互文同训、异文互证、同文比例，据文意以揣摩等方法。逐一解释其词义，并举例证明，分条注释，明畅精确。凡可解者，径直解决，不可解者归入"语助"，"语助"有其成立之理，或有古注可依，或有旁证可参，或有众多语言事实为据，由此而无不可解，诚可谓"揆之本文而协,验之他卷而通",所以涣然冰释,怡然理顺,使许多佶屈聱牙、扞格难通的远古书文,一到王引之《经传释词》就都如后世常谈,市人恒语了。用训诂方法研究国学经典中的虚词,王引之《经传释词》已达登峰造极,后来学者的续作,如《古书虚字集释》《广释词》之类著作,虽有所增补,不无贡献,但都在王引之《经传释词》高限之内,只能称是王氏成就的延伸,职是之故,近二百年来,凡研读国学经典的人,几乎没有不在书桌上备放一本《经传释词》的。

此书曾于1931年由上海商务印书馆出版,1954年北京中华书局重印,1985年湖南岳麓书社出校点本,除保留中华书局1954年版原有的附录外,又附以黄侃及杨树达二先生批语三百七十余条。

(7)《中国名人大辞典》。1921年商务印书馆出版,臧励和等编,1934年增加四角号码人名索引。以后多次重印。孟子"知人论世"的主张,实为读书研究重要途径之一,我国历史悠久,人物众多,以一人而言,又有字号,里籍,官职谥号等多种称谓,又有朝代、里籍、身世不同而姓名相同者,欲知其学术思想、为人品格及历史地位,有待查人名传记工具书为之解决。

本书收录上古至清末人物四万余人,凡经史志书所载,不论贤奸,悉为甄录,其他如匈奴、回纥、渤海、吐蕃、南韶,及经史所未载的书画名家,工商医卜,著名妇女,庸贩屠沽等其事足流传者,亦予采录,每人一名各依姓氏名字笔画次序排列,注明其朝代及其字号籍贯等,并略述其生平事迹,甚便查找。

(8)《读史方与纪要》。清顾祖禹撰,1932年上海商务印书馆列入万有文库,1955年北京中华书局重印。

(9)《中国古今地名大辞典》,臧励和等编。1931年上海商务印书馆初版,以后数次重印。

我国地域宽广,随着朝代的变迁,行政区划、地名地域古今多有不同,或名同而实际相差千万里,例如,《尚书禹贡》冀州"既修太原,至于岳阳",如果不深究原义,仅从字面看认为冀州包括山西太原到湖南岳阳这样跨南北数省,那就大错了,《尚书禹贡》此处所说的"岳"指太岳山,

"阳"指山的南边，禹贡所说岳阳者，"太岳山南也"，在今山西省霍县东部，与湖南岳阳相差几千里。这类例子很多，可见了解古今地名变化多么重要。

《读史方舆纪要》取材上溯《禹贡》《职方》，近采历代史志，旁及稗官野乘，收录地名三万余条，一一叙述其沿革，举凡州邑形势，疆域分合，形势轻重，分省纪要，河渠水利，天文分野等，均加条分缕析，随处贯通，并综括大义，可与史传参稽，深具卓见，为我国第一部系统而翔实之沿革地理著作。

《中国古今地名大辞典》收古今地名，州郡县邑，乡镇村落，名城要塞，山川道路，商港名胜，园亭台榭等凡四万余条，于古代地名详其沿革，每一地名依首字笔画排列检索甚便，书中所注"今地"，系编书时（二十世纪三十年代）之"今"，现又越八十年，须予注意。

以上研读国学经典工具书九种，第（1）、（2）、（3）种主要用于查解实字实词的音、义；第（4）种主要用于查解国学经典中诸字的读音，第（5）、（6）种用于查解经传中虚字虚词的意义与用法，第（7）种查古代人名，第（8）、（9）种查古代地名之现代位置，对于一般国学读者，此九种工具书已足够应用，对于专门研究古文字学者，尚须追溯《尔雅》及许慎《说文解字》，唯本书以启蒙为己任，故不赘述。

在使用一部工具书时须注意三事：其一，先看前序，后跋及出版年月，以知其编纂经过，使用范围及材料收集的起讫时间；其二，细读凡例，了解该书特点与使用方法；其三，留意书后补遗、勘误、附录。以此我们可以了解该书正文中的某些错误（如《康熙字典》后附王引之《字典考证》），后人对本书的评价（如《助字辨略》附杨树达跋，《经传释词》附章炳麟的文章等），以及该书正文中所未收录的内容（如辞海附录《中国历史纪年表》等）。

3. 精读成诵，定期复习

梁启超《国学入门书要目及其读法》将其推介之书分为宜精读成诵者，宜稍精读者，宜浏览（即略读）者，非欲作文学专家可不读（小说）者等四类，我今编《国学经典导读》全部内容都属于宜精读成诵之列。精读有三义,一曰精熟。读书必达精熟以立基础,精熟方可化书中之精华为我所有,从而得到书的滋养。苏轼诗云"故书不厌百回读,熟读深思子自知",苏辙说"读书百遍,经义自见",让青少儿童从小熟读国学经典,对其长大后为人处世会有良好影响,甚至惠及终身。二曰精一。有些人读书喜博而不能精一,但唯有精一或专一,方可精神集中,意志专注,读此书如无别书,果能如此,便可由精一而达精熟。三曰精纯,读书须心无旁骛,念兹在兹,用力精纯。张履祥指出欲精纯须避五闲,即避免闲言语,闲思虑,闲出入,闲涉猎,接闲人闲事,去此五闲,方可用心精纯,除读此书外,无余念,无余事,不分心走神,方可达精一、精熟之境界。

  精熟之标准在能背诵,能默写得出,对于初读书识字的儿童,只要对所学之国学经典能背诵,背诵须照原文词句,有抑扬顿挫,能流畅断句,轻重分明,快慢得体,这些都须通过朗读方可达到。少年儿童宜仿效老师朗读之语调神态,大声朗诵,反复若干次,直至能熟练背诵,如不能背诵就不上新课。其实,喜爱背诵是儿童的天性,现今孩子们受电视电脑的浸染,常脱口而出各种广告语言,影视台词,流行歌曲,校园丁巷俚语等,都是一些"无意识记忆"。因此,趁少年儿童记忆力最好的时候,让他熟读背诵国学经典,先不求能解微言大义,但求能熟读背诵,可以作为一种终身去消化、理解、受益的文化准备。

  孔子的优秀门生子夏说,读书要"日知其所无,月无忘其所能",意即每天要求获得新的知识,每月要复习,检查已学的内容,不要让它被遗忘了。我希望读国学经典的同学们,除了每天能熟读背诵一些经典名言警句外,每月、每季、每年都对已经学过的内容重新全面复习,这样,效果会更佳。

  让我中华民族优良传统文化与我们终生同在。

第一章 《大学章句》导读

第一节 《大学章句》概说

"大学"是相对"详训诂,明句读"的"小学"(含文字学、音韵学、训诂学)而言的,古代儒家认为它是讲治国安邦的"大学",是初学者入德之门。

《大学》原为《礼记》中的第四十二篇。宋代程颢、程颐将之从《礼记》中抽出,编次章句;朱熹则将《大学》《中庸》《论语》《孟子》合编注释,称为《四书》。

关于《大学》的作者,程颢、程颐认为是"孔氏之遗言也"。朱熹把《大学》重新编排整理,分为"经"一章,曾"传"十章,认为:"经一章盖孔子之言,而曾子述之;其传十章,则曾子之意而门人记之也。"也就是说,"孔经"是曾子记录下来的孔子的话,"传"则是由曾子的学生记录下来的曾子解释"经"的话。

《大学》的版本主要有两个体系:一是经朱熹编排的《大学章句》本;一是按原有次序排列的古本,即《礼记》中的《大学》原文。而朱熹《大学章句》本无疑流传更广、影响更大,已经深入人心。

《大学》第一章提出了"大学之道,在明明德,在亲民,在止于至善"三纲领;又提出了格物、致知、诚意、正心、修身、齐家、治国、平天下"八条目",而"八条目"则是实现"三纲领"的途径。在"八条目"中,修身最为根本。曾传十章对三纲领、本末、格物、致知、诚意、正心、修身、齐家、治国、平天下分别进行了阐释。

《大学》全面总结了先秦儒家关于道德修养、道德作用及其与治国平天下的关系。其文辞简约，内涵深刻，古代无数志士仁人由此登堂入室，初窥儒学，由此可见其巨大影响。

《大学》——我国古代政治伦理学第一书中有一段名言："物格而后知至，知至而后意诚，意诚而后心正，心正而后身修，身修而后家齐，家齐而后国治，国治而后天下平。"这是儒家所谓"内圣外王"的理想。事实上，修身、齐家、治国、平天下曾经是中国历代仁人志士为之奋斗的必由之路。近六十多年来，中国严批"个人主义"，把个人主义说成是只顾自己不顾别人的落后思想。其实，个人主义的本义是自我完善（修身）、自我奋斗、独立思考（诚意正心）、自主人格，穷则独善其身（坚持原则，不同流合污），达则兼济天下（治国平天下，即孙中山提倡的"为社会人群服务"）。这是中国古代儒家所倡导，现代欧美社会普遍奉行的"个人主义"。这是一种健康、高尚、进步的思想。我们要在科学技术思想文化等方面与世界接轨，首先必须弘扬优良传统文化，为儒家传统的"个人主义"恢复名誉，这是我们研读《大学》一书起码应有的觉悟。

第二节 《大学章句》原文选读

［大学之道，在明明德，在亲（按，一本"新"）民，在止（按，同"趾"）于至善。］

译文：真正精深的大学问，在于彰明人类本身所固有的光明的德行，在于让民众革旧布新，在于达到最完善的境界。

［知止而后能（一本为"有"）定，定而后能静，静而后能安，安而后能虑，虑而后能得。］

译文：知道止于何处，其身就能安定下来，身体安定了就能静下心来，心静了其身就能更加安定。身心更加安定了，就能深思熟虑，只有深思熟虑才能使问题得到解决。

[物有本末，事有始终。知所先后，则近道矣。]

译文：世上的万物都有根本和枝节，天下的万事都有开端和结局。知道了道德修养等事物发展的先后次序和轻重缓急，也就接近于求道的方法了。

[古之欲明明德于天下者，先治其国。欲治其国者，先齐其家；欲齐其家者，先修其身；欲修其身者，先正其心；欲正其心者，先诚其意；欲诚其意者，先致其知，致知在格物。]

译文：在古代，要想将人固有的美好品德彰显于全社会，就必须先从治理国家入手；要想将国家治理好，就必须先治理、整顿各个士大夫家庭的家政；要想搞好家政，就必须提高自身品德的修养；要想提高自身的品德修养，就必须先端正自己的心态，使其无邪念；要想使心态端正，就必须先使意念诚实；要做到意念诚实，就必须先达到一定的知识储备；探索并且获得知识的关键，在于推究事物的本源。

[物格而后知至，知至而后意诚，意诚而后心正，心正而后身修，身修而后家齐，家齐而后国治，国治而后天下平。]

译文：推究事物的本源然后才能获得各种知识，获得知识之后意念就可诚实，意念诚实了，便心态端正，没有邪念，心态端正，则品德修养可提高，提高品德修养之后，家政自然能治理好，家政治理得好，一国也能治理好，各个诸侯国家安定富庶，整个社会便太平无事。

[《诗》曰："周虽旧邦，其命维新。"是故君子无所不用其极。]

译文：《诗经》上说，周虽然是历史很久的古老国家，可它的政策法令却是现时的、新的。因此，志士仁人无论做什么都尽最大的努力。

[十目所视，十手所指，其严乎，富润屋，德润身，心广体胖，故君子，故君子必诚其意。]

译文：一个人活在社会上，众目睽睽，众手指点，监视极严。财富可以装饰屋宇使之富丽堂皇；品德高尚则能修养人的身心使之达到高尚，心胸开阔，身体安康，因此君子务必使自己意念诚实。（胖，此处指安康，不是肥胖。）

[心不在焉，视而不见，听而不闻，食而不知其味。]
译文：如果心态不端正、不安定，精力不集中，那么就会视而不见，听而不闻，东西吃到嘴巴里也不知道是什么味道。

[所谓齐其家在修其身者，人之其所亲爱而辟焉，之其所贱恶而辟焉，之其所畏敬而辟焉，之其所哀矜而辟焉，之其所敖惰而辟焉。故好而知其恶，恶而知其美者，天下鲜矣！故谚有之曰："人莫知其子之恶，莫知其苗之硕。"此谓身不修，不可以齐其家。]
译文：所谓治理家政在提高品德修养而修身者，因为一般人都会偏爱自己亲爱的人，偏爱低贱的人，偏爱己所畏敬的人，偏爱可怜的人，偏袒傲惰的人。因喜爱而看到其缺点，因厌恶而看到其美德，这样的人天下太少了。所以社会有谚语说："人们通常看不到自己儿子的缺点，看不到自家田里禾苗长得很好。"这说明没有能做到修身，就不能齐家。

[一家仁，一国兴仁，一家让，一国兴让，一人贪戾，一国作乱。]
译文：如果君主的家庭成员之间仁爱和睦，那么整个国家就会兴起仁爱和睦的风气；如果君主的家庭成员之间互相谦让有礼，整个国家就会兴起谦让有礼的风气。反之，如果君主贪婪残暴，整个国家就会发生动乱。

[一言偾事，一人定国。]
译文：一句话就可以使事业失败，一个贤明的君主就可以使国家安定。（按，偾音奋，意为毁坏、倾倒、失败。）

[是故君子有诸己而后求诸人；无诸己而后非诸人。]

译文：所以有德行的君子自己首先做到，然后才去要求别人；自己不做坏事，然后才去责备做坏事的人。

[道得众则得国，失众则失国，是故君子先慎乎德。有德此有人，有人此有土，有土此有财，有财此有用。德者本也，才者末也。外本内末，争民施夺。是故财聚则民散，财散则民聚。]

译文：政策得到众人拥护就能得到国家，丧失众人拥护就会失国，所以君子先要慎重施行德政。有了德政才会得到民心，得民心就会有土地，有了国土才会拥有财富，拥有财富了才能开支国家各项用度。德政是根本，财富是枝节。轻根本而重枝节就会与老百姓争夺财富。因此常常是财富积聚了，老百姓就人心涣散了，把财富散于老百姓民心就团聚了。

[仁者以财发身，不仁者以身发财。]

译文：仁德的人利用财富完善自身的修养，不仁德的人不惜冒着生命危险去聚敛财富。

第二章 《中庸章句》导读

第一节 《中庸章句》概说

《中庸》原为《礼记》中的第31篇。宋代朱熹将它和《大学》从《礼记》中分出,与《论语》《孟子》并为《四书集注》。此后历代官学确定《四书五经》为科举考试必读书。

《中庸》的作者传为孔子之孙孔伋(即子思)所作,但细读该书发现其首尾与中段精神不一贯。据研究,其中段发扬了孔子"时中"、"忠恕"、"智仁勇"、"五伦"等学说,可能是子思原著。其首尾阐述"至诚"、"尽性"等哲学观念者,可能是孟子学派中的人所作而经后人合为一书的。

子思对孔子思想有继承,也有发展,他把孔子的中庸思想和方法论提到了世界观的高度。《中庸》完成了孔子中庸思想本体论化过程,成为宇宙人生根本性学说。程颢、程颐将《中庸》奉为"孔门传授心法"。朱熹认为从"中"到"和"再到"天地位焉,万物育焉"也是"内圣外王"之道,《中庸》"喜怒哀乐未发之谓中,发而皆中节谓之和"、"君子之道譬如行远必自迩,譬如登高必自卑"、"凡事预则立,不预则废"、"言在耳目之间,而思出千载之上"、"执其两端而用其中"等是之谓也。这些论述突破了历史和阶级的局限性,是中庸之道对待矛盾事物的基本态度。

《中庸》开卷提出:"天命之谓性,率性之谓道,修道之谓教。"意即人的本性由天所赋,顺应和发扬人之本性即是道,让人们遵行和推广天赋之道就是教化。儒家认为天赋人的本性有五:君臣、父子、夫妇、兄弟、朋友。此"五者天下之达道也"。《中庸》将君臣放在五伦之首，是对孔子"尊王攘夷"思想的继承；孟子提出"父子有亲，君臣有义，夫妇有别、长幼有序、朋友有信"，将父子关系置于五伦之首，是孟子民本主义，与注重人伦思想的体现。

孔子很少讲"性与天命"，子思在这方面填补了空白，提出了天人合一的命题。孔子讲忠、信、正、直、笃信等品格虽与"诚"有关，但未提到哲学本体的高度。《中庸》则明确指出："诚者，天之道也；诚之者，人之道也。"诚是天地的根本法则，努力以达到诚的境界是为人之道。"唯天下至诚能尽其性，……能尽人之性……能尽物之性……可以赞天地之化育，则可与天地参矣。"子思在这种天人合一的前提下，进一步提出了君子"尊德性而道问学，致广大而尽精微，极高明而道中庸"的修养原则。所谓"道问学"包括博学、审问、慎思、明辨和笃行五个紧密联系的环节，其中博学、审问是获得知识的途径，慎思、明辨是自己内心思辨以获得认识的手段，笃行即将知识赋予行动的实践。通过学、问、思、辨找到了善知识，就应该即知即行，促其实现。所谓"尊德性"，就是以合乎天理的道心，矫治杂含偏欲的人心，这就是所谓心法。"心法"要求本乎至诚，克服虚伪，做到"慎独"，内省负疚，"不愧于屋漏"（屋漏是房屋西北角背光阴暗处），即暗室不欺，正大光明。这种品德正是当今社会所急需的治世良药。

第二节 《中庸》原文选读

［天命之谓性，率性之谓道，修道之谓教。］

译文：自然形成的禀赋叫做人性，遵循各自的人性叫做道，修明并推广这些道叫做教化。

［道也者，不可须臾离也，可离非道也。是故君子戒慎乎其所不睹，恐惧乎其所不闻。莫见乎隐，莫显乎微。故君子慎其独也。］

译文：隐藏在事物内的道，是不可以片刻离失的，可离失就不是道了。

因此有修养、聪慧的人要高度警惕自己发生视而不见的事情,要害怕自己发生充耳不闻的事情。没有不被发现的隐私,没有不被看清楚的细微小事,因此君子在独处的时候总是特别警惕。

[喜怒哀乐之未发,谓之中;发而皆中节,谓之和。中也者,天下之大本也;和也者,天下之达道也。致中和,天地位焉,万物育焉。]

译文:喜怒哀乐的情感没有表现出来时称为中,表现出来达到一定程度称为和。中是天下的大本源,和是天下的普遍规律。只要达到中和了,天地间一切都会各得其所,处于合适的位置,各种事物都能生长发育。

[君子中庸,小人反中庸。君子之中庸也,君子而时中。小人之中庸也,小人而无忌惮也。]

译文:君子的行为符合中庸之道,小人的行为则违反中庸之道。君子的中庸,因为作为君子,他时时刻刻都保持中庸;小人的反中庸,因为作为小人而无所顾忌而任意胡来。

[故君子和而不流。]

译文:君子性格平和而不随波逐流。

[君子遵道而行,半途而废,吾弗能已矣。]

译文:君子依据中庸之道行事,有的人却半途而废,可是我却不能中途终止。

[君子素其位而行,不愿乎其外。素富贵,行乎富贵;素贫贱,行乎贫贱;素夷狄,行乎夷狄;素患难,行乎患难。君子无入而不自得焉。在上位,不陵下;在下位,不援上。正己而不求于人则无怨。上不怨天,下不尤人。故君子居易以俟命,小人行险以侥幸。]

译文:君子按照他平素本来的身份地位而行事,而不愿超过这个界限。本来富贵的,按已有的条件行事,不淫不骄。本来贫贱的,按贫贱的状况办事，不谄不馁。若身于夷狄则正己而行道，随其俗而不求于彼人，使彼无怨。处在患难之中则患难与共，临危不惧。这样，君子无所入而不得利益。在上位不欺凌压制下级，在下位不巴结讨好上级。调整端正自己而不求于别人，这样就不会产生怨气。上不怨天，下不责怪别人。因而君子可以安心宁静地处于安全之地，小人则投机取巧、孤注一掷地冒险以求侥幸。

[君子之道，辟如行远必自迩，辟如登高必自卑。]
译文：君子的中庸之道，就像是走远路，一定要从近的地方开始；又像是登山，一定要从低的地方开始。

[智、仁、勇三者，天下之达德也。所以行之者，一也。或生而知之，或学而知之，或困而知之，及其知之，一也。或安而行之，或利而行之，或勉而行之，及其成功，一也。]
译文：知、仁、勇三者是天下的根本道德，付诸实践是一样的。或在实际生活中知道，或通过学习才知道，或经过困难的磨炼才知道，其懂得的结果是一样的。或带着安逸快乐的心情而实践，或得到某种利益的刺激而实践，或受到某种鼓励而实践，但各种实践最终得到的结果是一样的。

[好学近乎知，力行近乎仁，知耻近乎勇。]
译文：好学不倦就接近明智了，努力行善就接近仁德了，懂得耻辱就接近勇敢了。

[凡事预则立，不预则废。]
译文：凡事预测以做好准备就能成功，不预测不做准备就会失败。

[获乎上有道，不信乎朋友，不获乎上矣。]
译文：想得到上级的信任是有方法的，假如得不到朋友的信任，就得不到上级的信任。

[博学之，审问之，慎思之，明辨之，笃行之。]
译文：要广博地学习，要审慎地询问，要谨慎地思虑，要明晰地辨析，要笃实地履行。

第三章 《论语》导读

第一节 《论语》概说

西方人第一部必读书是《圣经》,中国人第一部必读书是《论语》。《论语》是孔子应答弟子,时人及弟子相互谈论而接闻于孔子的语录,当时弟子各有所记,孔子逝后,门人相与辨而论撰,因而称为《论语》,刘熙在其《释名释典艺》中说:"论语记孔子与弟子所语之言也。论,伦也,有伦理也,语,叙也,叙己所欲说也。"这说明《论语》是孔门弟子听讲笔记的条理化综合。

《论语》内容极为丰富,涉及社会、政治、伦理思想众多方面。它主要阐扬孔子倡导的仁义理论和建立道德的观念以形成中国优良的传统文化,从而成就一个坚韧、刚强的民族。这个民族虽累遭异族侵略,却终累次复兴。其重要原因是我中华民族精神文化深厚,坚强,能久远不摇,是在我优良文化中有一个贯穿始终的基础理论孔子学说。孔子学说可以从论语见其大概。以下从四个方面扼要介绍:

一、仁学思想

《论语》之核心是仁,从仁出发而及于义、忠、信、道、德、恭、敬、和、恕、孝、悌、宽、惠、敏、温、良、知、行、礼、乐、文与质、君子小人之别等品德。统归一句话"仁者爱人",一以贯之的忠、恕之道,忠者"己欲立而立人,己欲达而达人",恕者"己所不欲,勿施于人"。柏拉图说

"所求乎朋友，先施之"。耶稣说"你们愿意别人怎么对你，你也要怎么对人"。柏拉图、耶稣都比孔子晚几百年，可见孔子是人类世界史上最早提出具有普世价值的终身可行之道，是提出全世界大多数人行为规范的第一人。仁学思想用于政治方面便是孔子毕生倡导的"仁政"。

二、独立人格

孔子平时温良恭俭让，但在原则问题上有极强的独立人格。"当仁，不让于师"，为追求仁即使面对老师，也不谦让，后来亚里士多德说："吾爱吾师，吾尤爱真理。"孔子面对强暴即令有生命危险，也不改变自己的理想，曰："三军可夺帅也，匹夫不可夺志也。"志就是理想，就是仁人君子终生奋斗的大目标，孔子以仁为己任，宁可"杀身成仁"，"不求生害仁"，"岁寒，然后知松柏之后彫也"。松柏经风雪仍傲然挺立，是有独立人格的君子的象征，是恪守志向，坚持真理，不为逆境屈服的象征。人格修养非一朝一夕之功，而要终生不断地完善。

孔子自述："吾十有五而志于学，三十而立，四十而不惑，五十而知天命，六十而耳顺，七十而从心所欲，不逾矩。"终生奋斗，实现完善的人格、独立的人格，这是无权无势的普通人最可贵的精神。

三、君子风度

《论语》二十章，一万三千七百字，提到君子一百零七次，讲君子的品德及君子小人的区别，非常明晰而中肯。兹据《论语》所言，列举君子人格特征如下：

重道："君子学以致其道"；"君子谋道不谋食"，"君子忧道不忧贫"。
尚德："君子怀德，小人怀土。"
善仁："君子无终食之间违仁，造次必于是，颠沛必于是。"
明义："君子义以为上。""君子喻于义，小人喻于利。"
讲礼："如其礼乐，以俟君子。"
求知："君子于其所不知，盖阙如也。"
守信："君子信而后劳其民，未信，则以为厉己也。""人而无信，不知其可。"

守节："可以托六尺之孤，可以寄万里之命，临大节而不可夺也。君子人与？君子人也。"

务本："君子务本，本立而道生，孝悌也者，其为仁之本与。"

学文："君子博学于文。"

君子内在气质："文质彬彬，然后君子。""君子泰而不骄，小人骄而不泰。""君子坦荡荡，小人长戚戚。"

君子外表风貌："君子所贵乎道者三：动容貌，斯远暴慢矣，正颜色，斯近信矣，出辞气，斯远鄙倍矣。"

君子言行："君子讷于言而敏于行。"

君子待人："君子成人之美，不成人之恶。"

君子立身："君子病无能焉，不病人之不己知也。""君子之道者三，我无能也，仁者不忧，知者不惑，勇者不惧。"

德治主张：孔子主张德治、爱民、裕民、反对霸道。"为政以德，譬如北辰，而众星拱之"，"道千乘之国，敬事而信，节用而爱人，使民以时"，让老百姓"近者悦，远者来"。

四、学习人生

人类通过学习，从野蛮进入文明，人们通过学习，从平庸升到卓越。《论语》中提出的许多品格，如做君子、希贤、希圣，都要学习方能达目的，《论语》二十篇，开卷第一篇就讲："学而时习之，不亦说乎？"孔子"学而不厌，诲人不倦"是因为"君子学以致其道"，为求真理而学习，"德之不修，学之不讲，闻义不能徙，不善不能改，是吾忧也"。孔子学习非常认真而虚心："三人行，必有我师焉，择其善者而从之。其不善者而改之。""见贤思齐，见不贤而内自省。"

学习方法上，孔子提出三点，我们须特别注意：

（1）循序渐进："无欲速，无见小利。欲速则不达，见小利则大事不成。"

（2）定期复习，温故知新："温故而知新，可以为师矣。"

（3）学思行结合。"学而不思则罔，思而不学则殆。"强调了学思结合的重要性。"始吾于人也，听其言而信其行；今吾于人也，听其言而观其行。"说明孔子对言行合一的高度重视。

《论语》言简意丰，古代学者指出《论语》为通经之锁钥，国学经典之典范，五经之管辖，六艺之喉衿，实乃人生之南针，行为之准绳，政教之刑范，内圣外王之极则，不仅被美国大学图书馆列为世界十大名著之一，而且是在全世界影响之大，译本之多，流传之广，只有《圣经》可与比肩的一本书。

第二节 《论语》原文选读

［子曰："学而时习之，不亦说乎？有朋自远方来，不亦乐乎？人不知，而不愠，不亦君子乎？"］

见《学而第一·第一节》

译文：孔子说："学了又时常温习，不是很愉快吗？有志同道合的朋友从远方来，不是很令人高兴的吗？即使人家不了解我，我也不怨恨，不就是一个有德的君子吗？"

［子曰：巧言令色，鲜矣仁。］

见《学而第一·第三节》

译文：孔子说，凡是花言巧语装腔作势的人，很少有仁德的。

［子曰："君子不重则不威，学则不固，主忠信，无友不如己者。过则勿惮改。"］

见《学而第一·第八节》

译文：一个人如果轻佻、浮躁、不严肃庄重，就会没有威仪威信，这种轻浮的人在学问方面也不可能有笃实的成果。为人处世应以忠实、诚信为主要原则，不要与忠信品德不如自己的人交朋友，以免影响自己的品德。

自己有过失要勇于改正。

[子曰:"不患人之不己知,患不知人也。"]

见《学而第一·第十六节》

译文:孔子说:"不怕别人不了解自己,只怕自己不了解别人。"

[子曰:"为政以德,譬如北辰,居其所而众星拱之。"]

见《为政第二·第一节》

译文:孔子说:"(周君)以道德教化来治理政事,像北极星那样,自己居于一定的方位,而群星都会环绕在它的周围。"

[子曰:"《诗》三百,一言以蔽之,曰:思无邪。"]

见《为政第二·第二节》

译文:孔子说:"《诗经》三百篇,可以用一句话来概括它,就是思想纯正。"

[子曰:"吾十有五而志于学,三十而立,四十而不惑,五十而知天命,六十而耳顺,七十而从心所欲,不逾矩。"]

见《为政第二·第四节》

译文:孔子说,我十五岁立志学圣贤之道,三十岁时弄明白了所学的道理,由知而信,确立了信念,有了坚定的立场,立于仁,立于礼,立于所学之道,有了标准,就能明辨是非,不会受各种各样似是而非的理论所迷惑,这就到四十岁的年纪了。五十岁以后,进一步懂得了天命和顺命,即道德以上的价值,人对于客观现象及其变化无法预料和掌握,是为天命,自己是受命于天而到人世来完成所能尽的力量和作用的。只要自己尽力做自己应做之事,成败在所不计,这种竭尽己力不计成败就是"知天命"。知道万物都有客观规律,因而无论听到什么奇谈怪论都不会产生心理刺激,而当下理解,顺应客观规律,到了七十岁就能不虑而明,不思而得,从心所欲,作出心性与天道相符的正确反应,用不着要规矩了。

[子曰："视其所以，观其所由，察其所安，人焉廋哉？人焉廋哉？"]

见《为政第二·第十节》

译文：孔子说："看一个人的行为结果是怎样的，了解他如何干成这样的。了解他这样干的意图，最想要的是什么，通过这样视、观、察，他能掩盖得了吗？他能掩盖得了吗？"（廋：隐匿、掩盖之意。）

[子曰："温故而知新，可以为师矣。"]

见《为政第二·第十一节》

译文：孔子说："在温习旧知识时，如果能有新体会、新发现，就可以当老师了。"

[子曰："君子周而不比，小人比而不周。"]

见《为政第二·第十四节》

译文：孔子说："君子合群而不与人勾结，小人与人勾结而不合群。"

[子曰："学而不思则罔，思而不学则殆。"]

见《为政第二·第十五节》

译文：孔子说："只读死书，而不思考问题，就是白费工夫，只空想而不认真读书，就会落于危险。"

[孔子谓季氏，"八佾舞于庭，是可忍也，孰不可忍也！"]

见《八佾第三·第一节》

译文：孔子谈到季氏，说："他竟然用六十四名舞女（天子享受的规格）在自己的庭院中奏乐舞蹈！这样的事如果都能容忍的话，还有什么事情不可以容忍呢？"

[子曰："人而不仁，如礼何？人而不仁，如乐何？"]

见《八佾第三·第三节》

译文：孔子说："一个人没有仁德，他怎么能实行礼呢？一个人没有仁德，他怎么通运用乐呢？"

["子谓《韶》,'尽美矣,又尽善也'。谓《武》,'尽美矣,未尽善也'。"]

见《八佾第三·第二十五节》

译文：孔子说"韶"乐是尽善尽美；"武"乐尽美,但不能算尽善。

注：孔子的这一音乐评价反映了孔子的政治思想。因为"韶"是歌颂尧舜禅让的乐舞。"武"是歌颂用武力征诛（伐商）的乐舞,两者在艺术上都达到了极高水平（尽美）,在政治上孔子也承认汤武征诛,但孔子的政治思想是"揖让"（天下为公,选贤与能）高于征诛,因此歌颂征诛的"武乐不能算尽善"。

[子曰："里仁为美,择不处仁,焉得知？"]

见《里仁第四·第一节》

译文：孔子说："跟有仁德的人住在一起,才是好的。如果你选择的住处不是跟有仁德的人在一起,怎么能说你是明智的呢？"

[子曰："唯仁者能好人,能恶人。"]

见《里仁第四·第三节》

译文：孔子说："只有那些有仁德的人,才能爱人和恨人。"

[子曰："朝闻道,夕死可矣。"]

见《里仁第四·第八节》

译文：孔子说："早晨得知了真理,就是当天晚上死去也心甘。"

[子曰："能以礼让为国乎,何有？不能以礼让为国,如礼何？"]

见《里仁第四·第十三节》

译文：孔子说："能够用礼让原则来治理国家,那还有什么困难呢？不能用礼让原则来治理国家,怎么能实行礼呢？"

[子曰："不患无位,患所以立；不患莫己知,求为可知也。"]

见《里仁第四·第十四节》

译文：孔子说："不怕没有官位，就怕自己没有学到赖以站得住脚的东西。不怕没有人知道自己，只求自己成为有真才实学值得为人们知道的人。"

［子曰："君子喻于义，小人喻于利。"］

见《里仁第四·第十六节》

译文：孔子说："君子明白大义，小人只知道小利。"

［子曰："见贤思齐焉，见不贤而内自省也。"］

见《里仁第四·第十七节》

译文：孔子说："见到贤人，就应该向他学习、看齐，见到不贤的人，就应该自我反省（自己有没有与他相类似的错误）。"

［子曰："君子欲讷于言而敏于行。"］

《公冶长第五·第二十节》

译文：孔子说："君子说话要谨慎，而行动要敏捷。"

［季文子三思而后行。子闻之，曰："再，斯可矣。"］

《雍也第六·第十一节》

译文：季文子每做一件事都要考虑多次。孔子听到了，说："考虑两次也就行了。"

［子曰："贤哉，回也！一箪食，一瓢饮，在陋巷。人不堪其忧，回也不改其乐，贤哉。回也！"］

见《里仁第四·第二十四节》

译文：孔子说："颜回的品质是多么高尚啊！一小竹筐饭，一瓢凉水，住在简陋的小屋里，别人都忍受不了这种穷困清苦，颜回却没有改变他好学的乐趣。颜回的品质是多么高尚啊！"

［子曰："知者乐水，仁者乐山；知者动，仁者静；知者乐，仁者寿。"］

见《里仁第四·第二十三节》

译文：孔子说："聪明人喜爱水，仁德者喜爱山；聪明人活泼，仁德者沉静；聪明人快乐，仁德者长寿。"

[子曰："述而不作，信而好古，窃比于我老彭。"]

见《述而第七·第一节》

译文：孔子说："只阐述而不创作，相信而且喜好古代的东西，我私下把自己比做老子和彭祖。"

[子曰："默而识之，学而不厌，诲人不倦，何有于我哉？"]

见《述而第七·第二节》

译文：孔子说："默默地记住（所学的知识），学习不觉得厌烦，教诲别人不知道疲倦，哪一样是我所具备的呢？"

[子曰："志于道，据于德，依于仁，游于艺。"]

见《述而第七·第六节》

译文：孔子说："以道为志向，以德为根据，以仁为凭借，活动于六艺（礼、乐等）的范围之中。"

[子在齐闻《韶》，三月不知肉味，曰："不图为乐之至于斯也。"]

见《述而第七·第十四节》

译文：孔子在齐国听到了《韶》乐，有很长时间尝不出肉的滋味，他说："想不到《韶》乐的美达到了这样迷人的地步。"

[子曰："饭疏食饮水，曲肱而枕之，乐亦在其中矣。不义而富且贵，于我如浮云。"]

见《述而第七·第十六节》

译文：孔子说："吃粗粮，喝凉水，弯着胳膊当枕头，乐趣也就在这中间了。用不正当的手段得来的富贵，对于我来讲就像是天上的浮云一样。"

[子曰:"学如不及,犹恐失之。"]

见《述而第七·第十七节》

译文:孔子说:"学习知识就像追赶不上那样,又会担心丢掉什么。"

[子曰:"巍巍乎,舜禹之有天下也而不与焉!"]

见《述而第七·第十八节》

译文:孔子说:"多么崇高啊!舜和禹得到天下,却一点都不为自己。"

[子曰:"我非生而知之者,好古,敏以求之者也。"]

见《述而第七·第二十节》

译文:孔子说:"我不是生来就有知识的人,而是爱好古代的东西,勤奋敏捷地去求得知识的人。"

[子不语怪、力、乱、神。]

见《述而第七·第二十一节》

译文:孔子不谈论怪异、暴力、叛乱和鬼神。

[子曰:"三人行,必有我师焉。择其善者而从之,其不善者而改之。"]

见《述而第七·第二十二节》

译文:孔子说:"三个人的行为,其中必定有人可以做我的老师。我选择他好的品德向他学习,看到他不对的地方就引以为鉴,改掉自己的缺点。"

[子以四教:文、行、忠、信。]

见《述而第七·第二十五节》

译文:孔子以历代文献、社会生活的实践、对待别人的忠心、与人交往的信这四项内容教授学生。

[子曰:"仁远乎哉?我欲仁,斯仁至矣。"]

见《述而第七·第三十节》

译文：孔子说："仁难道离我们很远吗？只要我想达到仁，仁就来了。"

[子曰："君子坦荡荡，小人长戚戚。"]

见《述而第七·第三十七节》

译文：孔子说："君子心胸宽广，小人却经常局促忧愁。"

[子温而厉，威而不猛，恭而安。]

见《述而第七·第三十八节》

译文：孔子温和而严厉，威严而不凶猛，庄重而又安详。

[子曰："民可使由之，不可使知之。"]

见《泰伯第八·第九节》

译文：孔子说："对于老百姓，只能使他们按照我们的意志去做，不能使他们懂得为什么要这样做。"

[子曰："不在其位，不谋其政。"]

见《泰伯第八·第十四节》

译文：孔子说："不在那个职位上，就不考虑那职位上的事。"

[子罕言利与命与仁。]

见《子罕第九·第一节》

译文：孔子很少谈到利益，以及空泛的天命和仁德。

[子绝四——毋意，毋必，毋固，毋我。]

见《子罕第九·第四节》

译文：孔子杜绝了四种弊病：没有主观猜疑，没有定要实现的偏执，没有固执己见之举，没有自私之心。

[子在川上，曰："逝者如斯夫，不舍昼夜。"]

见《子罕第九·第十七节》

译文：孔子在河边说："飞逝的时光就像这河水一样啊，不分昼夜地向前流去。"

[子曰:"三军可夺帅也,匹夫不可夺志也。"]

见《子罕第九·第二十六节》

译文:孔子说:"一国军队,可以夺去它的主帅;一个男子汉,却不能改变他的志向。"

[子曰:"岁寒,然后知松柏之后凋也。"]

见《子罕第九·第二十八节》

译文:孔子说:"到了寒冷的冬季,才知道松柏是最后凋谢的。"

[子曰:"知者不惑,仁者不忧,勇者不惧。"]

见《子罕第九·第二十九节》

译文:孔子说:"聪明人不会迷惑,有仁德的人不会忧愁,勇敢的人不会畏惧。"

[食不语,寝不言。]

见《乡党第十·第十节》

译文:吃饭的时候不说话,睡觉的时候也不自言自语。

[子贡问:"师与商也孰贤?"子曰:"师也过,商也不及。"曰:"然则师愈与?"子曰:"过犹不及。"]

见《先进第十一·第十六节》

译文:子贡问孔子:"子张和子夏二人谁更好一些呢?"孔子回答说:"子张过分,子夏不足。"子贡说:"那么是子张好一些吗?"孔子说:"过分和不足是一样的。"

[子曰:"君子成人之美,不成人之恶。小人反是。"]

见《颜渊第十二·第十六节》

译文:孔子说:"君子成全别人的好事,而不助长别人的恶处。小人则与此相反。"

[曾子曰:"君子以文会友,以友辅仁。"]

见《颜渊第十二·第二十四节》

译文：曾子说："君子以文章学问来结交朋友，依靠朋友帮助自己培养仁德。"

[子曰："其身正，不令而行；其身不正，虽令不从。"]

见《子路第十三·第六节》

译文：孔子说："自身正了，即使不发布命令，老百姓也会去干；自身不正，即使发布命令，老百姓也不会服从。"

[子曰："君子和而不同，小人同而不和。"]

见《子路第十三·第十六节》

译文：孔子说："君子讲求和谐而不强求一致，小人只求完全一致，而不讲求协调。"

见《子路第十三·第二十六节》

[子曰："君子泰而不骄，小人骄而不泰。"]

译文：孔子说："君子安静坦然而不傲慢无礼，小人傲慢无礼而不安静坦然。"

[子曰："刚、毅、木、讷，近仁。"]

见《子路第十三·第二十七节》

译文：孔子说："刚强、果敢、朴实、谨慎，这四种品德接近于仁。"

[子曰："有德者必有言，有言者不必有德。仁者必有勇，勇者不必有仁。"]

见《宪问十四·第四节》

译文：孔子说："有道德的人，一定有言论，有言论的人不一定有道德。仁人一定勇敢，勇敢的人不一定有仁德。"

[子曰："不在其位，不谋其政。"曾子曰："君子思不出其位。"]

见《宪问十四·第十六节》

译文：孔子说："不在那个职位，就不要考虑那个职位上的事情。"曾子说："君子考虑问题，从来不超出自己的职位范围。"

[子曰："君子耻其言而过其行。"]

见《宪问十四·第二十七节》

译文：孔子说："君子认为说得多而做得少是可耻的。"

[子曰："不患人之不己知，患其不能也。"]

见《宪问十四·第三十节》

译文：孔子说："不忧虑别人不知道自己，只担心自己没有本事。"

[子曰："上好礼，则民易使也。"]

见《宪问十四·第四十一节》

译文：孔子说："在上位的人喜好礼，那么百姓就容易指挥了。"

[子曰："志士仁人，无求生以害仁，有杀身以成仁。"]

见《卫灵公第十五·第九节》

译文：孔子说："志士仁人，没有贪生怕死而损害仁的，只有牺牲自己的性命来成全仁的。"

[子曰："人无远虑，必有近忧。"]

见《卫灵公第十五·第十二节》

译文：孔子说："人没有长远的考虑，一定会有眼前的忧患。"

[子曰："巧言乱德。小不忍则乱大谋。"]

见《卫灵公第十五·第二十七节》

译文：孔子说："花言巧语就败坏人的德行，小事情不忍耐，就会败坏大事情。"

[子曰："当仁，不让于师。"]

见《卫灵公第十五·第三十六节》

译文：孔子说："面对着仁德，就是老师，也不同他谦让。"

[子曰:"有教无类。"]

见《卫灵公第十五·第三十九节》

译文:孔子说:"人人都可以接受教育,不分富贵贫穷和族类。"

见《卫灵公第十五·第四十节》

[子曰:"道不同,不相为谋。"]

译文:孔子说:"志趣、主张不同,不互相商议谋划。"

[子曰:"辞达而已矣。"]

见《卫灵公第十五·第四十一节》

译文:孔子说:"文辞只要通顺畅达就可以了。"

[孔子曰:"生而知之者,上也;学而知之者,次也;困而学之,又其次也;困而不学,民斯为下矣。"]

见《季氏第十六·第九节》

译文:孔子说:"生来就知道的人,是上等人;经过学习以后才知道的,是次一等的人;遇到困难再去学习的,是又次一等的人;遇到困难还不学习的人,这就是下等的人了。"

[子曰:"性相近也,习相远也。"]

见《阳货第十七·第二节》

译文:孔子说:"人的本性是相近的,由于习染不同才相互有了很远的差别。"

[子曰:"唯上知与下愚不移。"]

见《阳货第十七·第三节》

译文:孔子说:"只有上等的智者与下等的愚者是改变不了的。"

[子曰:"道听而途说,德之弃也。"]

见《阳货第十七·第十四节》

译文:孔子说:"在路上听到传言就到处去传播,这是道德所唾弃的。"

[微子去之，箕子为之奴，比干谏而死。孔子曰："殷有三仁焉。"]

见《微子第十八·第一节》

译文：微子离开了纣王，箕子做了他的奴隶，比干大胆进谏而被杀死了。孔子说："这是殷朝的三位仁人啊！"

[子夏曰："博学而笃志，切问而近思，仁在其中矣。"]

见《子张第十九·第六节》

译文：子夏说："博览群书广泛学习而坚守自己的志趣，恳切地发问，多思考当前的问题，仁就在其中了。"

[子夏曰："仕而优则学，学而优则仕。"]

见《子张第十九·第十三节》

译文：子夏说："做官还有余力的人，就可以去做学问，学习有余力的人，就可以去做官。"

[子贡曰："君子之过也，如日月之食焉。过也，人皆见之；更也，人皆仰之。"]

见《子张第十九·第二十一节》

译文：子贡说："君子的过错好比日食月食。他犯的过错，人们都看得见；他改正过错，人们都仰望着他。"

[孔子曰："不知命，无以为君子也；不知礼，无以立也；不知言，无以知人也。"]

见《尧曰二十·第三节》

译文：孔子说："如果不知道天赋命运（是穷达有时，只能与时俱进）的道理，就成不了君子；若不知作为社会行为规范的礼，就无法在社会上立足；若不能从人们的言语中辨别是非，就无法了解其人的品德。"

第四章 《孟子》导读

第一节 《孟子》概说

孟子（前372—前289年），名轲，字子舆，邹国（今山东邹县）人，从小受到良好的家庭教育。稍长，就学于子思（孔子孙孔伋）的门人，是思孟学派的嫡传，战国时代的儒学大师，被后世尊为亚圣。其思想学说与孔子思想并称为孔孟之道。孟子具有"富贵不能淫，贫贱不能移，威武不能屈"的大丈夫精神，能知世人言论之邪正得失；善养自己"浩然之气"，有"舍生取义"的决心和勇气。哲学上孟子主张性善论，政治上主张"仁政"、"王道"等德治，反对"霸道"和不义战争。孟子提出了"民为贵，社稷次之，君为轻"的民本主义思想，揭明了国家的根本不在于"天时、地利"，而在于"人和"。他提出了正确处理人际关系的方法："君视臣如手足，则臣视君如腹心，君视臣如犬马，则臣视君如国人，君视臣如土芥，则臣视君如寇仇。"统治者如要保持其统治地位就要爱民、保民、保障人民权益，使民有"恒产"，能上养父母，下养妻子。如果统治者只顾满足自己的欲望，不顾老百姓的死活，就无异于"率兽食人"。其若是，老百姓就有权推翻他，"诛一夫纣也"。因此，统治者应实行"仁政，以德服人"，对老百姓应"减轻刑罚赋税"，发展农业生产，对国人"实行道德教化"，"与民同乐"。

孟子曾向梁惠王、齐宣王以及宋、邹、滕等国君推行"仁政"国策，都未能被采纳，乃退而与其门生万章公孙楚等人阐述孔子学说，总结自己一生的思想与活动，编著《孟子》一书，共七篇，三万五千四百余言，是儒家学说中紧接于《论语》的重要典籍。

下面对孟子的人性论、政治哲学、宇宙观以及对杨墨学派的批判作较具体的介绍，先说孟子的性善论。

怎样认识人性，孟子在《告子章句上》第六节里列举了当时除他以外的另外三种理论。一种认为人性无所谓善恶；第二种认为人性可以从善，也可以从恶；第三种认为有些人性善，有些人性恶。孟子主张人性善，但并非一出生就是圣人。在人的本性中有些中性因素，如不予节制，就会陷入恶，这是人与禽兽相同之处。严格说来这不是人性，是兽性。人与兽不同，人有善端，孟子列举了人的四个善端：恻隐之心，仁之端也；羞恶之心，义之端也；辞让之心，礼之端也；是非之心，智之端也。对此四善端如能扩而充之，足以保四海。如不扩充，不足以事父母。善端如无外力阻碍，会在人内心自然生长、开花、结果，这是孟子与告子认为道德意识是外界施加的观点的不同之处。孟子认为人不同于禽兽就在发展德之四端。在《离娄章句下》第十九节中，孟子指出："人之所以异于禽兽者几希，庶民去之，君子存之。"这就回答了孔子所说关于人禽之别，君子庶民之别的根源。

孟子的政治哲学：关于国家的起源，按儒家观点，既然人伦关系及此基础上的道德是人与禽兽区别所在，国家的起源也要追溯到社会中人伦关系的存在，人伦关系的发展要求一定的国家组织作为其保证。孟子在《滕文公章句上》第四节中说："人之有道也，饱食，暖衣，逸居而无教，则近于禽兽。圣人有忧之，使契为司徒，教以人伦，父子有亲，君臣有义，夫妇有别，长幼有序，朋友有信。"关于国君的性质和作用，儒家认为既然国家起源于人伦关系的发展，那么国君就应是社会道德的领袖。国家是一种道德体制，只有圣人才能成为真正的合标准的君主。孟子认为这种择君理想是古代曾有过的事实：尧（公元前24世纪）年老时，选一位年轻的圣人舜，授以圣王之道，让王位于舜。舜年老时，同样选择让位于禹。这样，王位由老一代圣人传给年轻一代圣人，称为"揖让"，有别于后世的"征诛"。孟子认为，如果国君缺乏领袖的道德品质，老百姓有一种道德权利，进行革命、杀掉国君，只是杀掉一个不义之人，不算"杀君"。在《公孙丑章句下》第八节中，孟子指出国君如果言行不符合国君标准，按孔子"正名"主张，他在道德上已不再是国君，而成了一个"独夫"，在《梁惠王章句下》第八节中指出"闻诛一夫纣也，未闻弑君也"。关于君、民地位，在《尽心章句下》第十四节孟子指出"民为贵，社稷次之，君为轻"。孟子的民贵君轻和革命权利思想在中国历史上有极大影响，1911年辛亥革命推翻延续几千年的帝制，建立"中华民国"，孙中山等精英是吸收了西方近代民主思想的，而孟子的革命权利思想在民众中间拥有更大影响。关于政权性质，孟子提倡"王道"，靠道德教化推行圣王之道，反对"霸道"，反对以武力强制推行暴政统治，照现代政治状况看，民众自由结合，平等选举的民主政治便是王道，以暴力和恐怖手段推行独裁或寡头专制统治的政权便是"霸道"。

推行王道，首先要尽力促进人民大众的福利，国家建立于丰厚的经济基础上，在农民中合理分配土地；使民有恒产，从而有恒心（社会责任心）能养生丧死无憾，这是王道之始，进一步还要使人人受到适当教育，懂得人伦之道，这才算王道完全实现。

孟子认为，实行王道并非难事，只要自觉从自己的爱好想到天下所有人都有同好，善推其所为，设法满足天下人的同好。这就是实行王道了。

孟子的宇宙观，儒家认为，从根本上来说，宇宙是一个道德主宰的宇宙，人间的道德原则也是流行宇宙中的形而上学原理，人性就是这些原理的实证，"天"就是这个由道德主宰的宇宙，懂得这个宇宙就是"知天"，知了天道，人就由国民成为"天民"（《尽心章句上》第十九节）。孟子在《告子章句上》第十六节中指出："仁义忠信，乐善不倦，此天爵也；公卿大夫，此人爵也。"天爵是人在精神价值领域中的成就，天民最关心"天爵"而非"人爵"。《尽心章句上》第四节中，孟子说："万物皆备于我矣，反身而诚，乐莫大焉。强恕而行，求仁莫近焉。"人如充分发展本性，不仅可知天，且可与天合一。例如一个人充分发展不忍人之心，就可达到仁，实行忠恕之道是达到仁的最佳道路，在这样的实践中，自私和自我中心就会逐渐减少，人己之间距离缩小，人天之间的差别逐渐消失，达到人与宇宙合一,"万物皆备于我"。

孟子对杨、墨思想的批判。孟子生前出现了主张"为我"的杨朱和主张"兼爱"的墨子,天下之言不归杨即归墨。《滕文公章句下》第九节中孟子说:"杨氏为我,是无君也,墨氏兼爱,是无父也。无父无君,是禽兽也。"杨朱利己,就是反对仁义(利他),与孔子之道不合。墨子兼爱不是"为我"利己,而是"利人",问题在于"兼爱"没有深浅程度、等级和远近差别,与儒家主张爱有等级差别不同,孟子讲君子"亲亲而仁民,仁民而爱物","老吾老以及人之老,幼吾幼以及人之幼",说明儒家之爱有"爱、仁、亲"不同等级和远近亲疏差别,符合人的本性,不需政治等外力强制,这也和墨家思想不同。

第二节 《孟子》原文选读

[五亩之宅,树之以桑,五十者可以衣帛矣。鸡豚狗彘之畜,无失其时,七十者可以食肉矣。百亩之田,勿夺其时,数口之家可以无饥矣。谨庠序之教,申之以孝悌之义,颁白者不负戴于道路矣。]

见《梁惠王章句上·第三章》

译文: 配给每家五亩住宅之地,让其在四围种植桑树,那么五十岁以上的人就可以穿上丝衣丝袄了。让鸡狗与猪这类家畜不耽误生长和繁殖的时节,那么七十岁以上的人就可以吃上肉了。配给每户一百亩土地,不耽误耕作季节,一个有几口人的家庭,就可以没有饥饿危险了。积极办好各级学校,反复地用孝顺父母、敬爱兄长的大道理来开导他们,那么,须发花白的老人们便不用自己肩担背扛货物在道路上行走了。

[老吾老,以及人之老;幼吾幼,以及人之幼。]

见《梁惠王章句上·第七章》

译文: 尊敬我的长辈,从而推广到尊敬别人的长辈;爱护自己的晚辈,从而推广到爱护别人的晚辈。

[乐民之乐者，民亦乐其乐；忧民之忧者，民亦忧其忧。]

见《梁惠王章句下·第四章》

译文：以百姓的快乐为自己的快乐者，百姓也会以国君的快乐为自己的快乐；以百姓的忧愁为自己的忧愁者，百姓也会以国君的忧愁为自己的忧愁。

[贼仁者谓之"贼"，贼义者谓之"残"。"残贼"之人谓之"一夫"。闻诛一夫纣矣，未闻弑君也。]

见《梁惠王章句下·第八章》

译文：破坏仁爱的人叫做"贼"，破坏道义的人叫做"残"。"残贼"之人就叫做"独夫"。我只听说周武王诛杀了独夫殷纣，没有听说过什么弑君。

[仁则荣，不仁则辱。]

见《公孙丑章句上·第四章》

译文：（诸侯卿相）如果实行仁政，就会有荣耀；如果行不仁之政，就会感受耻辱。

[尊贤使能，俊杰在位。则天下士皆悦。]

见《公孙丑章句上·第五章》

译文：尊重有道德的人，使用有能力的人，让杰出的人才有官位。那么天下读书求士的人都会高兴。

[天时不如地利，地利不如人和。三里之城，七里之郭，环而攻之而不胜。夫环而攻之，必有得天时者矣；然而不胜者，是天时不如地利也。]

见《公孙丑章句下·第一章》

译文：天时不及地利，地利不及人和。（不具备这三个条件），三里的内城，七里的外城，即使包围攻打它还是不能取胜的。包围起来攻打它，必定有得天时的战机；然而却不能取胜，这是有利的天时不如有利的地势。

［有恒产者有恒心，无恒产者无恒心。苟无恒心，放辟邪侈，无不为已。］

见《滕文公章句上·第三章》

译文：有稳定的产业、收入的人才有稳定的道德观念和行为准则，没有稳定的产业、收入的人便不会有稳定的道德观念和行为准则。假若没有稳定的道德观念和行为准则，就会胡作非为，违法乱纪，什么事都干得出来。

［富贵不能淫，贫贱不能移，威武不能屈，此之谓大丈夫。］

见《滕文公章句下·第二章》

译文：富贵荣华不能淫乱我之心，贫寒卑贱不能改移我之志向，声威势武不能屈折我之节操，这才能叫大丈夫。

［惟仁者宜在高位；不仁而在高位，是播其恶于众也。］

见《离娄章句上·第一章》

译文：只有道德高尚的仁人，才应该处于统治地位。如果道德低的不仁者处于统治地位，就会把他的罪恶传播给群众。

［天子不仁，不保四海；诸侯不仁，不保社稷；卿大夫不仁，不保宗庙；士庶人不仁，不保四体。］

见《离娄章句上·第三章》

译文：天子不行仁，便保不住他的天下；诸侯不行仁，便保不住他的国家；卿、大夫不行仁，便保不住他的宗庙；一般的老百姓不行仁，便保不住自己的身体。

［天下之本在国，国之本在家，家之本在身。］

见《离娄章句上·第五章》

译文：天下的根本基础在国，国的根本基础在家，家的根本基础在每个人自身。

［自暴者，不可与有言也；自弃者，不可与有为也。］

见《离娄章句上·第十章》

译文：自我残害的人，不可以同他商量事情；自我唾弃的人，不可能同他有所作为。

［争地以战，杀人盈野；争城以战，杀人盈城，此所谓率土地而食人肉。罪不容于死。］

见《离娄章句上·第十四章》

译文：为争夺土地而进行战争，杀死人的尸体遍布原野；为争夺城池而进行战争，杀死人的尸体充塞城池，这就是为夺土地来吃人肉。就是用死刑都不足以容纳他们的罪过。

［君仁，莫不仁；君义，莫不义；君正，莫不正。］

见《离娄章句上·第二十章》

译文：君主仁，没有人不仁；君主义，没有人不义；君主正，没有人不正。

［有不虞之誉，有求全之毁。］

见《离娄章句上·第二十一章》

译文：有意想不到的赞誉，也有过于苛求的诋毁。

［君之视臣如手足，则臣视君如腹心；君之视臣如犬马，则臣视君如国人；君之视臣如土芥，则臣视君如寇仇。］

见《离娄章句下·第三章》

译文：君主把臣下看成自己的手足，臣下就会把君主当作腹心；君主把臣下看成牛马，臣下就会把君主当成路上遇见的一般人；君主把臣下看成泥土或野草，臣下就会把君主看作仇敌。

［人有不为也，而后可以有为。］

见《离娄章句下·第八章》

译文：人要有所不为，才能有所为。

[爱人者，人恒爱之；敬人者，人恒敬之。]

见《离娄章句下·第二十八章》

译文：爱护别人的人，别人也总是爱护他；尊敬别人的人，别人也总是尊敬他。

[孔子进以礼，退以义，得之不得曰"有命"。]

见《万章章句上·第八章》

译文：孔子做官时能遵守礼仪，辞官时能合乎义行，能不能得到职位，就说"由命运决定"。

[用下敬上，谓之贵贵；用上敬下，谓之尊贤。贵贵尊贤，其义一也。]

见《万章章句下·第三章》

译文：地位低的敬重地位高的，叫做尊重贵人；地位高的敬重地位低的，叫做尊敬贤人。尊重贵人与尊敬贤人，其中的道理是一样的。

[虽有天下易生之物也，一日暴之，十日寒之，未有能生者也。]

见《告子章句上·第九章》

译文：即使有一种最容易生长的植物，晒它一天，又冻它十天，没有能够再生长的。

[心之官则思，思则得之，不思则不得也。]

见《告子章句上·第十五章》

译文：心这个器官的作用在于思考，思考才能获得认识。不思考便不能获得。

[天将降大任于斯人也，必先（按，一本为"将"）苦其心志，劳其筋骨，饿其体肤，空乏其身，行拂乱其所为，所以动心

忍性，曾（按，一本为"增"）益其所不能。]

见《告子章句下·第十五章》

译文：上天将要降落重大责任给这样一个人，一定要先使他的内心痛苦，使他的筋骨劳累，使他经受饥饿，以致肌肤消瘦，穷尽他的体力，使他做事时烦躁不安，总不如意，借以促使他的内心警觉，促使他的性格坚定，增加他没有具备的才能。

[人不可以无耻。无耻之耻，无耻矣。]

见《尽心章句上·第六章》

译文：人不可以没有羞耻心。把没有羞耻心当作羞耻，那就不会有羞耻的事发生了。

第五章 《易经》导读

第一节 《易经》概说

  《易经》是商代和西周占卜之官为贵族们围猎、征战、婚姻等大事占卜题词记录编纂的结集,是集体著作。秦始皇焚书时李斯将其列入医术占卜术类而幸免于难。西汉列入五经。在较早的文献记载里,《周易》只称《易》,"周易"之名最早见于《周礼》。东汉经学大师郑玄《易论》认为"周"是"周普"的意思,即无所不备,周而复始;唐代孔颖达《周易正义》则认为"周"是指岐阳地名,是周朝的代称;还有人认为《易经》流行于周朝,故称《周易》;亦有人依据司马迁《史记》的记载"文王拘而演《周易》",认为《易经》是周文王所著。

  关于"易"的解释也有多种说法,其中,郑玄的《易论》认为:"易一名而含三义:易简,一也;变易,二也;不易,三也。"郑玄的解释总括了"易"的三种意思,即"简易"、"变易"和"恒常不变"。《周易》包括经、传两部分,经是狭义上的《易经》,指六十四卦的卦象、卦辞和爻辞;而传则指的是《易传》,是对经的解释。

  所谓的六十四卦,也称"别卦",是由"八卦"两两相重而得,"八卦"则是由"阴"(--)、"阳"(—)二爻三叠而成,这八卦分别是乾、坤、震、巽、坎、离、艮、兑。所谓的卦爻辞,即系于卦形符号下的文辞,其中卦辞每卦一则,总括全卦大意;爻辞每爻一则,分指各爻旨趣。

  "传"实际上是阐释《周易》经文的专著,易传十篇,孔子所作。即

《象传（上下）》《象传（上下）》《文言》《系辞传（上下）》《说卦传》《序卦传》《杂卦传》，共计十篇。因其阐发经文之义理，如本经之羽翼，汉代开始称为"十翼"，后世统称《易传》。据《汉书·儒林传》记载，"孔子读《易》，韦编三绝，而为之传"。

《周易》中很多内容体现了浓厚的儒家思想，如把"君子"界定为"自强不息、厚德载物、果行育德、卑以自牧、见善则迁、有过则改"等，故被奉为儒家最为重要的典籍之一。

《周易》内容极其丰富，蕴含着大量的逻辑思维和朴素的辩证观念，对中国几千年来的政治、经济、文化等各个领域都产生了极为深刻的影响，堪称我国文化的源泉。研究《周易》形成了一门专门的学问，即"易学"，并留下了三千多部著作，蔚为大观。历经沧桑，《周易》已成为中华文化中的瑰宝。

20世纪下半叶以来，西方文化已发生系列转型。非线性思维已成为现代科学思维的基本特征，而《易经》却为我们提供了宏观与微观的完整的思想方法，因而世界上很多大科学家在自然科学面临重大突破时，都从《易经》等中国传统智慧中得到启发。例如伟大的科学家、哲学家莱布尼兹就因受《易经》的启发而发明了作为现代计算机科学基础的二进制。这是我国传统文化促进现代科学发展的光辉例证。

第二节 《易经》原文选读

["元"者，善之长也；"亨"者，嘉之会也；"利"者，义之和也；"贞"者，事之干也。君子体仁足以长人，嘉会足以合礼，利物足以和义，贞固足以干事。君子行此四德者，故曰："乾，元、亨、利、贞。"

初九曰："潜龙勿用。"何谓也？子曰："龙，德而隐者也。不易乎世，不成乎名。遁世无闷，不见是而无闷；乐则行之，忧则违之，确乎其不可拔，潜龙也。"

九二曰："见龙在田，利见大人。"何谓也？子曰："龙，德而正中者也。庸言之信，庸行之谨；闲邪存其诚，善世而不伐，德博而化。《易》曰：'见龙在田，利见大人。'君德也。"

九三曰："君子终日乾乾，夕惕若厉，无咎。"何谓也？子曰："君子进德修业。忠信，所以进德也；修辞立其诚，所以居业也；知至至之，可与言几也；知终终之，可与存义也。是故居上位而不骄，在下位而不忧。故乾乾因其时而惕，虽危无咎矣。"

九四曰："或跃在渊，无咎。"何谓也？子曰："上下无常，非为邪也；进退无恒，非离群也。君子进德修业，欲及时也，故无咎。"

九五曰："飞龙在天，利见大人。"何谓也？子曰："同声相应，同气相求。水流湿，火就燥。云从龙，风从虎。圣人作，而万物睹。本乎天者亲上，本乎地者亲下，则各从其类也。"

上九曰："亢龙有悔。"何谓也？子曰："贵而无位，高而无民，贤人在下位而无辅，是以动而有悔也。"

"潜龙勿用"，下也；"见龙在田"，时舍也；"终日乾乾"，行事也；"或跃在渊"，自试也；"飞龙在天"，上治也；"亢龙有悔"，穷之灾也；乾元"用九"，天下治也。

"潜龙勿用"，阳气潜藏。"见龙在田"，天下文明。"终日乾乾"，与时偕行。"或跃在渊"，乾道乃革。"飞龙在天"，乃位乎天德。"亢龙有悔"，与时偕极。乾元"用九"，乃是天则。

"乾元"者，始而亨者也。"利贞"者，性情也。乾始能以美利利天下，不言所利，大矣哉！大哉乾乎！刚健中正，纯粹精也。六爻发挥，旁通情也；时乘六龙，以御天也；云行雨施，天下平也。

君子以成德为行，日可见之行也。"潜"之为言也，隐而未见，行而未成，是以君子弗"用"也。

君子学以聚之，问以辩之；宽以居之，仁以行之。《易》曰："见龙在田，利见大人。"君德也。

九三重刚而不中，上不在天，下不在田，故"乾乾"因其时而"惕"，虽危"无咎"矣。

九四重刚而不中，上不在天，下不在田，中不在人，故"或"之。或之者，疑之也，故"无咎"。

夫"大人"者，与天地合其德，与日月合其明，与四时合其序，与鬼神合其吉凶。先天而天弗违，后天而奉天时。天且弗违，而况于人乎？况于鬼乎？

"亢"之为言也，知进而不知退，知存而不知亡，知得而不知丧。其唯圣人乎！知进退存亡而不失其正者，其唯圣人乎！］

见《乾卦第一》

译文：

元，是众善的魁首；亨，是众美的集中；利，是道义的统一；贞，是事业的基干。君子履行仁义，就完全堪称众人的尊长；集中众美就完全合乎礼仪的要求；施利于物，就完全符合道义的准则；坚持正道，就足以处理各种事务。君子如果体现了这四种美德，就达到了乾卦中所说的，行善谓之"元"，合美谓之"亨"，合义谓之"利"，行正谓之"贞"。

初九爻辞说："如龙一般潜伏，不要有所作为。"这是什么意思？

孔子说："龙是比喻有才德而隐居的君子。他不因世俗好恶改变操守，不醉心于成就虚名。隐居避世没有苦闷，不被赏识也无烦恼。乐意的事就付诸实施，隐忧的事就避而不作。处世之道坚韧不拔，这就是潜龙的品德。"

九二爻辞说："龙现大地，预示出现大人物。"这是什么意思？

孔子说："龙是比喻有才德而秉性中正的君子。日常言论讲求诚信，日常行为讲求谨慎；防止邪恶，存乎忠诚；行善于世而不自我矜夸，德行博大而能感化于人。《易经》上说：'龙现大地，预示出现大人物。'就是说大德大才之人虽然尚未居于君王之位，但已具备人君之德了。"

九三爻辞说："君子终日努力不懈，时时警觉，即遇险境，也能逢凶化吉。"这是什么意思？

孔子说："这是指君子致力于培育美德，增进学业。忠实诚信，就能够增进美德；心口如一，就能够积蓄功业；知道事业可以发展就发展它，这种人可以和他一起谈论隐微之事；知道事业应该终止就终止它，这种人可以和他共同坚持道义。这样就能够居于尊贵地位而不骄傲，居于卑贱地位而不忧愁。所以说，君子勤奋努力，随时提高警惕，虽然处境危险，也可免遭灾异。"

九四爻辞说："龙腾跃而起，或潜居在渊，均无祸患。"这是什么意思？

孔子说："有时处在上位，有时处在下位，本来就是变动无常的，不是什么邪恶与否的问题；有时奋进，有时退隐，本来就是应时变化的，不是什么离群与否的问题。君子修养美德，增进学业，总想待机而动，及时进取，所以才说没有咎害。"

九五爻辞说："龙腾云天，宜见大才大德之人。"这是什么意思？

孔子说："声息相同就相互应和，气味相近就相互求合。水向低湿的地方流动，火向干燥的地方燃烧。云随龙而出，风从虎而生。圣人作为，万人瞩目。这都出于高者亲近于天、低者亲近于地，人以群分、物以类聚的道理。"

上九爻辞说："龙飞极天，是出现过失而后悔之兆。"这是什么意思？

孔子说："这是比喻身份显贵而无根基，地位崇高而无人民，贤人处下，君无辅助，有所举动，必遭困厄。"

"龙潜渊中，暂时不宜有所举动"，是说德才之人地位低下要沉住气。"龙现大地"，预示时势已有转机。"终日努力不懈"，表明开始建功立业。"有时腾跃，有时潜隐"，是指要审时度势，自我验证。"龙飞极天，出现悔兆"，是指处于穷极之地而遭困厄。"天德元始"，"纯阳全盛"，表明天下必将大治。

"龙潜渊中，暂无施展"，象征万物蛰伏，阳气潜藏。"龙现大地"，说明天放光明，地现光彩。"终日终力不懈"，说明顺应天道，适时奋发。"或腾跃，或潜居"，说明随天道变化，须因时而动。"龙飞极天"，说明物极必反，由盛而衰。"天德元始"，"纯阳全盛"，说明天道运行，实为自然法则。

元、亨，是指天有生成之功，和谐之美。利、贞，是指天有恩泽之情，永恒之性。天给天下带来恩惠而不自居有功，这是多么伟大啊！伟大的上天，刚强稳健中正，纯粹精妙至极。六爻变化无穷，广通天道、地道、人道；六龙飞腾空中，行云施雨，普降恩泽，天下太平。

君子以涵养品德为行为的目的，而且每天落实在行动上。"潜"的含意在于隐微不露，当自身修养尚未达到成熟程度时，君子便不宜有所作为。

君子通过学习以积累知识，通过诘难以明辨是非；以胸怀宽广为目标，以履行仁义为职责。《易经》上说："龙现大地，宜出大德大才之人。"是指这种大德大才之人虽然身居下位，但已具备人君的美德。

九三爻由多重阳爻组成，刚则有余，却未居中，上不达天，下不着地，所以要健行不息，时刻警惕，才可遇险化夷，免遭咎祸。

九四爻也由多重阳爻组成，刚则有余，却未居中，既不占天位，也不占地位，又不占人位，所以有"也许"之说。"有时这样，有时那样"，表明存在诸多疑虑，应该审时度势，才能免遭咎祸。

九五爻辞所说的"大人"，德配天地，化育万物；日月同光，普照一切。其行为像四时一样井然有序，其赏罚像鬼神一样毫无偏私。其行动先天而发，但天不背弃；其行动后天而发，依天时行事。上天尚且不弃他，何况人呢？何况鬼神呢？

上九爻辞所说的"亢奋"，是指有人只知进取而不知引退，只知生存而不知衰亡，只知获得而不知丧失。在这点上，也许只有圣人才能了解进退存亡的关系，行为不致迷失正道。做到这一点，大概只有圣人吧。

[坤至柔而动也刚，至静而德方。后得主而有常，含万物而化光。坤道其顺乎，承天而时行。

积善之家，必有余庆；积不善之家，必有余殃。臣弑其君，子弑其父，非一朝一夕之故，其所由来者渐矣！由辩之不早辩也。《易》曰："履霜，坚冰至。"盖言顺也。

"直"其正也，"方"其义也。君子敬以直内，义以方外，敬义立而德不孤。"直、方、大，不习，无不利"，则不疑其所行也。

阴虽有美，"含"之以"从王事"，弗敢成也。地道也，妻道也，臣道也。地道"无成"而代"有终"也。

天地变化，草木蕃；天地闭，贤人隐。《易》曰："括囊，无咎无誉。"盖言谨也。

君子"黄"中通理，正位居体，美在其中而畅于四支，发于事业，美之至也！

阴疑于阳必"战"，为其嫌于无阳也，故称"龙"焉。犹未离其类也，故称"血"焉。夫"玄黄"者，天地之杂也，天玄而地黄。]

见《坤卦第二》

译文：

大地本性极为柔顺，但变动起来显得刚强；大地形态极为宁静，而所涵美德显得方正。大地承天之施而生养万物，是常理所在；大地孕育万物使之发扬光大，是本能所在。地道是多么柔顺啊，它承天道而四时运行！

行善积德的人家，必有不尽的吉庆；作恶贬德的人家，必有不尽的灾殃。臣子弑杀君王，儿子弑杀父亲，并非一朝一夕之所至，这种大逆不道的行为，其因由是渐渐萌发出来的。其所以如此，都是由于为君为父者早该明察而未能明察之故。《易经》上说："脚踏寒霜，预示冰雪将至。"这句话大概就是说，事物的变化都是循序渐进的吧。

"直"是内心正直，"方"是外形方正。君子庄敬不苟，以坦直修养内心；行为道义，以方正对外接交。庄敬不苟，行为道义，从而美德广布，众人归附。君子"正直、方正、广博，具备这些品质，即使不加修习，也没有什么不利"，这是因为人们是不会怀疑君子的行为的。

阴柔比喻臣下，虽有美德，但含而不露，只以其才德辅佐君王，即使有功也不敢自居。这就是为地之道，为妻之道，为臣之道。地道比喻臣下事奉君上，虽无显功，却有善终。

天地运行变化，草木繁衍旺盛；天地昏暗闭塞，贤人就会隐退。《易经》上说："缄口不语，虽不得赞誉，也可免损失。"大概意在谨慎吧。

君子内心美好，通达事理，整肃职位，恪守仪礼；美质蕴藏于内，贯彻行为之中，发挥事业之上。这才是美德的极致啊！

阴阳势均力敌，必然发生争斗。由于阴极盛而与阳均等，故将阴阳称作龙。虽然阴阳相战，但仍各持其性，血色不同。所谓血色不同，系指天地相混；但天色为"青"，地色为"黄"。

[方以类聚，物以群分，凶吉生矣。]

见《系辞上》

译文：天地间的事物是以同类相聚成群的规则来区分的，这样吉凶祸福就在这中间了。（方：事物。分：划分。）

[慢藏诲盗，冶容诲淫。]

见《系辞上》

译文：财物收藏不慎，则不啻是教诲于偷东西的人；打扮得妖冶，不知检点，则不啻是教诲于荒淫无耻的人。（慢藏：保管疏忽。冶容：妖冶的容颜。）

[君子以裒多益寡，称物平施。]

见《谦·彖辞》

译文：君子应当对多的减损，对少的增加，要测出财物的多少，公平分配。

[尺蠖之屈，以求信也；龙蛇之蛰，以存身也。]

见《系辞下》

译文：尺蠖将自己的身躯尽量地弯曲，是为了伸展前进；龙蛇冬眠，是为了保全生命。(按,屈:弯曲。信:音"申",意"伸"。)

[吉人之辞寡,躁人之辞多。]

见《系辞下》

译文:老实敦厚的人言辞少,浮躁虚妄的人言辞多。

[穷则变,变则通,通则久。]

见《系辞下》

译文:事物发展到极点就会发生变化,发生变化能使事物的发展不受任何阻塞,事物发展不受阻塞就能长久。(按,穷:终极。)

[鼎,君子以正位凝命。]

见《鼎·象辞》

译文:木上有火,君子应当端正自己的位置,固守安国定邦的使命。

[天地不交,否。君子以检德辟难,不可荣以禄。]

见《否·象辞》

译文:天地阴阳不交接,是阻塞之象。君子应当检点自己的品德以规避灾害,不能以福禄作为荣耀。(按,否:音"匹",闭塞不通。)

[归妹,天地之大义也。天地不交,而万物不兴。]

见《归妹·象辞》

译文:少女出嫁,男女之情是天地间的大义。天地阴阳不相交,则万物就不能兴盛。

[大哉乾元!万物资始,乃统天。云行雨施,品物流形。大明终始,六位时成。]

见《乾·象辞》

译文:天真伟大啊!万物萌生都要依靠它。它行云施雨,万物才能化成。日月终而复始地运行,象征六气的生成。(元:伟大与原始之意,相当于种子萌芽。)

〔天行健，君子以自强不息。〕

见《乾·象辞》

译文：天的运行刚健不辍，君子应当像天那样自强不息。

〔至哉坤元，万物资生，乃顺承天，坤厚载物，德合无疆，含弘广大，品物咸亨。〕

见《坤·象辞》

译文：大地真是广大啊！万物靠它生长，而且顺承于天，大地负载万物，其德无限，包含的内容十分广大，万物都能亨通。（亨，通达无碍之意，相当于生长。）

〔地势坤，君子以厚德载物。〕

见《坤·象辞》

译文：地势宽广，君子应当效仿大地负载万物的厚德。

〔天地以顺动，故日月不过，而四时不忒；圣人以顺动，则刑罚清而民服。〕

见《豫·象辞》

译文：天地顺自然而动，所以日月运行不会有差错，四季的更替也不会有差错。圣人顺自然之理而动，则刑罚清明而百姓顺服。

〔时止则止，时行则行，动静不失其时，其道光明。〕

见《艮·象辞》

译文：该停止的时候就停止，该进行的时候就进行，动与静都不失时机，君子之道就能光明。

〔日月丽乎天，百谷草木丽乎土。〕

见《离·象辞》

译文：日月依天而行，百谷草木依附地而生存。丽，依附。

〔天下雷行，物与无妄。先王以茂对时，育万物。〕

见《无妄·象辞》

译文：天威下达，雷厉风行，万物不敢虚妄。先王办事，就好像四时使万物茂盛一样，不虚妄地养育万物。

[观天之神道，而四时不忒。圣人以神道设教，而天下服矣。]

见《观·象辞》

译文：观察天下的造化之道，四季周而复始不变，圣人仿效自然造化万物之道教化人民，而使天下信服。

[泽中有火，革，君子以治历明时。]

见《革·象辞》

译文：水中有火，为水火相革之象，君子应修订历法以阐明天时的变化。

[大者正也，正大，而天地之情可见矣。]

见《大壮·象辞》

译文：强盛的人主要是由于其做人贞正，正固而强大，天地之道从中可见。

[天险不可升也，地险山川丘陵也。王公设险以守其国，险之时用大矣哉。]

见《坎·象辞》

译文：天之险高不可升，地之险在于山川丘陵。王公设险以保卫国家，险的功用真大啊！

[是以顺乎天而应乎人。说以先民，民忘其劳；说以犯难，民忘其死。说之大，民劝矣哉。]

见《兑·象辞》

译文：上顺应于天，下取悦于民。使民众喜悦，人民便忘记了劳苦；用喜悦战胜困难，民众就会忘掉死亡的威胁。喜悦的作用太大了，它能勉励民众啊！（说：同"悦"。）

[男女正，天地之大义也。家人有严君焉，父母之谓也。父父，子子，兄兄，弟弟，夫夫，妇妇，而家道正，正家而天下定矣！]

见《家人·象辞》

译文：男女都正固，是天地间的大道。家人中有严君，严君是对父母的称谓。父亲遵守父道，儿子遵守子道，兄遵兄道，弟遵弟道，丈夫守夫道，妻子遵守妇道，则家道正固；家道正固则天下就会安定。

[不恒其德，或承之羞。]

见《恒·爻辞》

译文：如果不能长久地保持其君子之德，就可能蒙受羞辱。

[上天下泽，履。君子以辨上下，定民志。]

见《履·象辞》

译文：上天下泽符合上下尊卑之礼，整个社会循规蹈矩，便会安泰。君子应当分辨上下尊卑，以安定民众的心愿。

第六章 《尚书》导读

第一节 《尚书》概说

《尚书》亦称《书经》或简称《书》,是夏、商、周三代历史档案文件汇编。含《虞书》《夏书》《商书》《周书》四部分。记录了距今四千多年唐尧禅位到距今二千三百年秦穆公作《秦誓》中间国家政治大事和帝王发布的文告、号令以及君臣间的谈话。平时的号令名"诰",有关军事者称"誓",君对臣的谈话称"命",臣对君的建议称"谟",因是上古时代之书,故称《尚书》。据《书纬》(今佚)载,孔子得黄帝元孙帝魁之书三千二百四十篇,断远取近,定其可为世法者百二十篇为《尚书》。秦始皇焚书后,汉初已难见到《尚书》原本,但曾在秦任博士的济南伏生,将《尚书》藏于墙壁,避兵难流亡,至汉朝建立,伏生返家取出藏书,只残存二十八篇,加民间所藏《秦誓》,共二十九篇,教授于齐鲁之间。汉文帝派晁错到伏生处学《尚书》,晁错将伏生小篆字体的《尚书》改用汉隶字书写,是为《今文尚书》。到汉武帝时,鲁恭王刘余毁孔子宅,从壁中发现许多用蝌蚪文写的竹简,经孔子十一世孙孔安国整理,与伏生所传通行本校核,多出十六篇,其中《九共》一篇可分为九篇,因而又可说多出二十四篇,是为《古文尚书》。此后,《尚书》的今文古文孰真孰伪之争延续两千多年。西晋永嘉之乱,皇宫藏书荡然无存。司马氏南渡建立东晋,豫章内史梅颐将原《今文尚书》二十八篇分为三十三篇,加上《古文尚书》二十五篇并《书序》合为五十九篇,后被称为《伪古文尚书》一直流传至今。南宋及明代都有人指出比伏生《今文尚书》多出的二十五篇于古无据，到清代阎若璩列举一百二十八条证据断定《古文尚书》及《孔安国传》属于伪作。但在《伪古文尚书》中却有《今文尚书》的二十八篇是真的，是珍贵的历史资料。我们今天读《尚书》以清代孙星衍的《尚书今古文注疏》为宜。

《尚书》具有极高的史料价值与思想价值。就史料价值而言，司马迁作《史记》记春秋以前的重要史事，几乎全录今文《尚书》，书中许多篇目可见商、周二代的政治情况。《无逸》篇具体记载了殷中宗、高宗、祖甲及周文王执政的时间。古史年代之可考者以此为最早。《立政》篇详细记载了周代的官制，《吕刑》篇详细记录了大禹赎刑和穆王定刑法的内容等，是研究古代政、刑制度的重要史料。《尚书》虽不编年，不纪事，未被列为正史，但章学诚认为其纪事"体园用神"，可视为《纪事本末体》的开山之作。就思想价值而言，可从以下几方面来认识：

第一，首创华夏统一思想与夏商周的历史正统观。《尧典》《舜典》记载尧舜巡视四方，区划疆土，选拔官吏，统一历法、音律、度量衡、制刑法等。《禹贡》以大禹治水为导引，依自然地理、经济地理划分九州，详细记载山川方位、土壤性质、物产分布、居民经济生活及与中央政权的关系等，显示了统一国家区划的思想。总之，《尚书》的政治统一思想及其一系列重要观念与命题对中国文化思想史影响深远。

第二，《尚书》保存了我国古代民主禅让制的记述。如《虞夏书》记载尧让位于舜，舜让位于禹的大事，反映了我国上古原始氏族社会民主选举、禅让贤能，天下为公的黄金时代，夏禹以后，财产私有，君主世袭，公天下变成家天下，每隔几百年或几十年甚至不到一年发生改朝换代，这种现象在东北亚及许多地方持续至今。但"二战"以后，很多国家实行议会宪政，民选总统，新时期尧舜禅让又成为不可阻挡的历史潮流。

第三，《尚书》反映了商周天命观的发展。周代商以后，人们认识到"天命无常"，只有"敬德事天"，"明德慎罚"，"以德治国"等才能长保政权。由此导出了"仁政"、"王道"、"德治"等民本主义思想。

第四，《尚书》中可寻得先秦诸子思想的源泉。

第五，《尚书》充满政治智慧和丰富的统治经验，是治国者和关心政治者必读之书。

第二节 《尚书》原文选读

[帝曰:"咨!四岳,有能典[1]朕三礼?"佥曰:"伯夷[2]。"帝曰:"俞,咨!伯,汝作秩宗[3]。夙夜惟寅[4],直哉惟清。"伯拜稽首,让于夔、龙。帝曰:"俞,往钦哉!"]

见《虞夏书·舜典》

注释:

[1] 典:掌管。
[2] 伯夷:人名。
[3] 秩宗:官名。主祭祀,典三礼。
[4] 夙夜惟寅:夙,早;夜,晚;寅,敬。

译文:

舜说:"四方的部落酋长们啊,有能为我主持祭祀三礼的人吗?"大家都说:"伯夷可以。"舜说:"好,伯夷啊,你来担任祭祀鬼神的秩宗吧。早晚都要敬谨慎重,正直清明。"伯夷行礼拜谢,推让于夔、龙。舜对伯夷说:"好吧,还是你去吧,要恭敬谨慎啊。"

[帝曰:"夔,命汝典乐[1],教胄子[2],直而温,宽而栗,刚而无虐,简而无傲。诗言志,歌永[3]言,声依永,律和声,八音克谐,无相夺伦,神人以和[4]。"夔曰:"於!予击石拊石[5],百兽率舞。"]

见《虞夏书·舜典》

注释:

[1] 乐:乐官。
[2] 胄子:部落联盟酋长子弟。
[3] 永:即咏。

[4] 无相夺伦，神人以和：夺，侵夺；伦，次弟，次序；和，和谐快乐。

[5] 击石拊石：击、拊，均为敲击的意思。石，乐器。

译文：舜说："夔啊，你去担任掌管音乐的官职吧，去教导部落联盟酋长的子弟们。教他们正直而温和，宽厚而明辨，刚毅而不伤人，简约而不傲慢。诗表达思想感情，歌用语言将这种感情唱出来，唱出来的乐声既要表达感情，也要符合音律。八种乐器要和谐地演奏，不要让他们乱了次序，让神人听了都感到快乐和谐。"夔说："好啊，让我敲打石磬，奏起乐来，百兽也会随乐起舞。"

[惟十有三祀，王访于箕子。]

见《洪范》

译文：周武王十三年，武王拜访箕子。

[王乃言曰："呜呼！箕子。惟天阴骘下民，相协厥[1]居，我不知其彝伦攸叙[2]。"]

见《周书·洪范》

注释：

[1] 厥：其，下民。

[2] 攸：所。叙：顺序。

译文：武王说道："唉，箕子！上天荫护民众，使他们和睦地居住生活在一起，我不知那治国常理所规定的秩序。"

[箕子乃言曰："我闻在昔，鲧陻[1]洪水，汩陈其五行。帝乃震怒，不畀洪范九畴，彝伦攸斁，鲧则殛[2]死，禹乃嗣兴，天乃锡禹洪范九畴，彝伦攸叙。"]

见《周书·洪范》

注释：

[1] 鲧：夏禹的父亲。

[2] 殛：流放、诛死。

译文：箕子回答说："我听说从前，鲧用堵塞的办法治理洪水，弄乱了金、木、水、火、土的自然运行规律。上帝震怒，不传给鲧九种大法的治国常理，因此治国之道也就败坏了。鲧被流放死了，禹继任治水患。上帝赐给禹九种大法，治国常理就定下来了。"

["初一曰五行[1]，次二曰敬用五事[2]，次三曰农用八政[3]，次四曰协用五纪，次五曰建用皇极，次六曰义用三德[4]，次七曰明用稽疑，次八曰念用庶征，次九曰飨用五福[5]，威用六极。"]

见《周书·洪范》

注释：

[1] 初一：第一。五行：金、木、水、火、土。

[2] 五事：君王的五种行为。

[3] 八政：八项政务。

[4] 三德：治臣民方法用刚、柔、正直三德。

[5] 五福：五种幸福为奖。

译文："第一，五行；第二，君王认真地做好五件事；第三，努力做好八项政务；第四，合理地运用符合天时的五种记时方法；第五，建立至高无上的君王统治法则；第六，治民用三种德行；第七，用卜筮考察疑难和决策；第八，经常考虑各种征兆；第九，用五福奖励劝勉，用六种责罚惩戒，勿使人作恶。"

["一、五行：一曰水，二曰火，三曰木，四曰金，五曰土。水曰润下，火曰炎上，木曰曲直，金曰从革[1]，土爰稼穑。润下作咸，炎上作苦，曲直作酸，从革作辛，稼穑作甘。"]

见《周书·洪范》

注释：

[1] 从：顺从。革：改变形状。

译文："一、五行：第一是水，第二是火，第三是木，第四是金，第五是土。水向下润湿，火向上燃烧，木可弯曲可伸直，金可顺从人意改变形状，土壤可以种植收获庄稼。水向下润湿产生咸味，火向上燃烧产生苦味，可曲可直的木产生酸味，根据人的需要改变形状的金属，产生辣味，生长百谷的土地产生甜味。"

["二、五事：一曰貌，二曰言，三曰视，四曰听，五曰思。貌曰恭，言曰从，视曰明，听曰聪，思曰睿。恭作肃，从作义，明作哲，聪作谋，睿作圣。"]

见《周书·洪范》

译文："二、五种行为标准：一是仪容，二是言论，三是观察，四是听闻，五是思考。仪容要恭敬，言论要正当合理，观察事理要清楚明白，听取意见要聪明圆活，思考问题要明智通达。仪容恭敬天下的人就会谨严认真，言论恰当天下就能得到治理，观察事物明白清晰就不会受到蒙蔽，听闻意见广远就能善谋，思考通达就会于事无不通而成为圣人。"

["三、八政：一曰食，二曰货，三曰祀，四曰司空，五曰司徒，六曰司寇，七曰宾，八曰师。"]

见《周书·洪范》

译文："三、八种政事：一是农业生产，二是商业和财政，三是祭祀，四是行政事务，五是文化教育，六是司法公安，七是外交事务，八是军事和国家安全。"

["四、五纪[1]：一曰岁，二曰月，三曰日，四曰星[2]辰，五曰历数。"]

见《周书·洪范》

注释：
[1] 五纪：识别五种记时方法。
[2] 星：指二十八宿。

译文："四、五种记时方法：一是年，二是月，三是日，四是观察星辰的出现和运行，五是历法，推算日月运行的周天度数。"

["五、皇极：皇建其有极，敛时五福，用敷锡厥庶民。惟时厥庶民于汝极[1]，锡汝保极。"]

见《周书·洪范》

注释：

[1] 于汝极：拥护君王的准则。

译文： "五、君王至高的法则：君王要建立至高无上的统治准则，以聚集起这样的五种幸福，并用这五种幸福来普遍地赐给你的臣民。这样，臣民就会拥护君王至高无上的准则，君王也就有权要求臣民保持这准则。"

["凡厥庶民，无有淫朋，人无有比德，惟皇作极。"]

见《周书·洪范》

译文： "凡君王的臣民，都没有营私结党，在爵位的官员都没有攀附勾结互为羽翼，这样，就唯有君王至高无上的准则了。"

["凡厥庶民，有猷、有为、有守，汝则念之。不协于极，不罹于咎，皇则受之。而康而色[1]，曰：'予攸好德[2]。汝则锡之福，时人惟其惟皇之极。'"]

见《周书·洪范》

注释：

[1] 而：你。色：温和。

[2] 攸：遵行。德：准则。

译文： "凡君王的臣民中，有谋略的、有才干的、有操守的，君王就要时时念记他们。他们的言行稍有不符合君王至高无上准则，但又没有犯有罪过的，君王应宽容他们。假如有人态度谦恭地对你说：'我遵行你所规定的道德准则。'你就要赐给他们福禄，这样，他们就会想着以君王的至高无上的准则为准则了。"

["无虐茕独，而畏高明。"]

见《周书·洪范》

译文： "不要虐待无依无靠的人，对那些显贵有权位的人要有所忌惮。"

["人之有能有为，使羞其行，而邦其昌。凡厥正人，既富方谷，汝弗能使有好于而家，时人斯其辜。于其无好德，汝虽锡之福，其作汝用咎。"]

见《周书·洪范》

译文："有爵位官职的人中有才能有作为的，要使他们施展才能，这样国家就能昌盛。凡在位的官员，你要让他们都有丰厚的俸禄。假如你不能使这些人对国家有所贡献，这些人就会走上邪路。对于那些德行不好的，你即使赐给他们福禄，他们也会施用恶行来回报你。"

["无偏无陂，遵王之义；无有作好，遵王之道；无有作恶，遵王之路；无偏无党，王道荡荡；无党无偏，王道平平；无反无侧，王道正直。会其有极，归其有极。"]

见《周书·洪范》

译文："不要偏颇不正，要遵循君王至高无上法则的义理；不要有私心癖好，要遵守君王至高无上法则的道义；不要为非作歹，要遵行君王至高无上法则的正路；不要私结朋党，统治天下的道路就会宽广平坦；不要结党营私不正直，统治天下的道路就会平顺坦荡。不要违背君王至高无上的法度，统治天下的道路就平坦正直；团结那些依法办事的人，让他们都归附君王至高无上的准则。"

[天子作民父母，以为天下王。]

见《周书·洪范》

译文：天子应当像做臣民的父母一样，来做天下臣民的君王。

[天位艰哉！德惟治，否德乱。]

见《商书·太甲下》

译文：执政掌权是很难的啊！讲求道德（以德治国）才会天下太平；不讲求道德，社会就会动荡不安。

[夙夜罔或不勤，不矜细行，终累大德。为山九仞，功亏

一篑。]

见《周书·旅獒》

译文：早晚不努力勤奋地工作，不注意小节和作风，终究会掩盖或否定自己的成绩和功劳。比如筑九仞高的土山，因为只差一筐土而没有完成。（矜：慎重。仞：八尺高。）

[民可近，不可下。民惟邦本，本固邦宁。]

见《夏书·五子之歌》

译文：对待人民只能亲敬，不可怠慢。人民是国家的根本，人民安居乐业，国家才能安宁。

[罔违道以干百姓之誉，罔咈百姓以从己之欲。]

见《虞书·大禹谟》

译文：不要违背规律或公理常情去寻求百姓的赞誉，不要违逆百姓的愿望而满足自己的欲求。（按，干：寻求。咈：违逆。）

[天作孽，犹可违；自作孽，不可逭。]

见《商书·太甲中》

译文：天降的灾害还可以躲避，自作的罪孽，逃也逃不了。（按，违：避免。逭：逃。）

[惟事事，乃其有备，有备无患。]

见《商书·说命中》

译文：做事情，就要有准备，有准备才没有后患。第一个"事"字为动词，第二个"事"字为名词。

[不役耳目，百度惟贞。玩人丧德，玩物丧志]

见《周书·旅獒》

译文：不被歌舞女色所役使，百事的处理就会适当。玩弄人心就会丧失德行，玩弄器物就会丧失志向。

[皇天无亲，惟德是辅。民心无常，惟惠之怀。为善不同，同归于治；为恶不同，同归于乱。]

见《周书·蔡仲之命》

译文：上天对人没有亲疏之分，它只佑助德行高尚的人；民心向背没有定规，它只归附仁爱之主。做善事的方法虽然各不相同，结果都会达到安治；作恶的方法虽然各不相同，结果都会走向动乱。

[必有忍，其乃有济；有容，德乃大。]

见《周书·君陈》

译文：一定要有所忍耐，事情才能有成；对人事应有所宽容，德行才算是广大。

[民之所欲，天必从之。]

见《周书·泰誓上》

译文：百姓所要得到的东西，老天就一定会顺从了他们的愿望。

第七章 《诗经》导读

第一节 《诗经》概说

《诗经》是我国第一部诗歌总集,收录西周早期(公元前11世纪)至春秋中期(公元前6世纪)长达五百多年的诗歌作品三百零五篇,人们习惯上取整数称为"诗三百"。西汉设五经博士,中有《诗经》博士。此后《诗经》一直列为士人必读之书。

《诗经》按其音乐性质分为风、雅、颂三大类。郑樵《通志·昆虫草木略》云:"风土之音曰风,朝廷之音曰雅,宗庙之音曰颂。"

"风"本为乐曲通名,即土风、土曲、民歌小调。《诗经》有"十五国风"即从十五个诸侯之国收集来的民歌。十五国风包括周南、召(音绍)南、邶(音背)、鄘(音庸)、卫、王、郑、齐、魏、唐、秦、陈、桧(音桂)、曹、豳(音兵)。其中周南指周公姬旦统治东方(诸侯国)地区的南部(北至汝水,南至江汉合流地域——今武汉一带),召南指召公姬奭统治西方(诸侯国)地区的南方(湖北西部长江以北),王指东周王直辖区(今洛阳周围),此三地不属诸侯国。十五国风共计一百六十篇,其中有劳者之歌、行役之怨、民风习俗、情歌恋曲、妇女婚姻、从军征战、国家兴亡等,内容丰富,情感真挚,观察细致,描写生动,是《诗经》中文学价值最高的部分。

"雅"有二义,于声为"正声",于地为"中夏",是西周王畿(首都周围)之地,即用中夏标准语言音调歌唱的"雅曲",多为士大夫创作(也有少量民间作品）和演唱的。"雅"分为"小雅"、"大雅"二类。"小雅"七十四首，"大雅"三十一首。有反映周民族的起源和发展的，如《生民》《公刘》等；有反映从军生活的，如《采薇》《出车》《六月》等；有招待嘉宾宴饮的，如《鹿鸣》等；也有反映爱情和表达怨恨的，如《何草不黄》《北山》等。

"颂"是宗庙祭祀时的乐歌和舞曲。天子在宗庙祭祀时，大队乐人唱歌、奏乐、舞蹈，气氛隆重庄严，此种等级最高的乐曲，只供帝王专用。《诗经》中《周颂》三十一首，歌颂周族先祖及建国初期诸王功德，多属昭王、穆王以前的作品。《鲁颂》四首，鲁是周公姬旦的儿子伯禽的封国，其首都即今山东曲阜。《鲁颂》作于鲁僖公时期（春秋中期），主要是鲁僖公的大臣歌颂僖公征伐淮夷取得胜利的功绩。《商颂》五首，并非商代作品，而是周代宋国作品。周武王伐纣后，封商纣王之兄微子启于宋国（都城在今河南商邱县南），宋君是商的后代，宋人正考父校商之名颂十二篇献于周太师。正考父生卒年不详，但据左传记载，正考父曾辅佐宋国戴、武、宣三君，而宋宣公逝于周平王四十二年，平王四十九年是春秋第一年，可见"商颂"写作于春秋时代以前，是宋君祭祀祖先殷成汤、武丁、宋武公的乐歌。

《诗经》常用赋、比、兴的表现手法。依朱熹的解释，"赋"是"直陈其事"，即照事物本来面貌客观描写，真抒情意，直言其事，直叙其人，不转弯抹角，不夸张掩饰，还其本来面目。

"比"是"以彼状比"，借物为比，喻其情事。例如《硕鼠》，就是用偷盗粮食的田鼠来比喻剥削农奴的领主。又如《羔羊》中，以委蛇比喻残害老百姓的贪官污吏，以青蝇比喻散布流言蜚语的造谣者，等等。

"兴"是诗的开头，"托物兴辞"，感物而发，抒写情意。朱熹所谓"先言他物以引起所说之辞也"，就是先借别的事物作个由头，再引到所吟咏的事物上来。如《关雎》本意是写青年男女恋爱的，可是开头先说"关关雎鸠，在河之洲"，描绘出一个和乐优美的环境，使身临其境的人感到心情十分美好，这样好的环境，这样好的人和感情，"窈窕淑女，君子好逑"，就是再自然不过了，这就是"兴"的妙用。

此外还有章句的重叠，多次重叠中每次更换相同位置上的一个字（如芣、苢）或两个字（如螽斯），使人产生深厚而明晰的印象和感情共鸣。

《礼记·经解》篇记载："孔子曰，入其国，其教可知也，其为人也，温柔敦厚，《诗》教也。"孔子最早提出《诗》教理论，西汉传授《诗经》的毛亨及其弟子毛苌在其《毛诗·大序》中指出诗有"经夫妇，成孝敬，厚人伦，美教化，移风俗"之功能，与孔子所说的"迩之事父，远之事君"的伦理和政治的教化的思想一脉相承，这是中国人几千年来一直重视读诗并写诗的传统基因密码。

第二节 《诗经》原文选读

[关关雎鸠，在河之洲，窈窕淑女，君子好逑。]

见《周南·关雎》

译文：水鸟应和声声唱，一起落在河洲上，美丽贤德的小姑娘，让我陪你度时光。

[求之不得，寤寐思服；悠哉悠哉，辗转反侧。]

见《周南·关雎》

译文：追求的愿望泡了汤，睁眼也想闭眼也想。长夜漫漫啊睡不着，翻来覆去到天亮。

[桃之夭夭，灼灼其华。]

见《周南·桃夭》

译文：茂盛桃树嫩枝丫，绽开鲜艳粉红花。

[死生契阔，与子成说。执子之手，与子偕老。]

见《邶风·击鼓》

译文：生死永远不分离，我和你发誓记心里。我要牵着你的手，和你到老在一起。

[深则厉，浅则揭。]

见《匏有苦叶》

译文：渡口水深，索性连衣涉水津，渡口水浅，撩起衣服踏石涧。（按，比喻处理问题要因地制宜。厉：连衣涉水。揭：撩起衣服。）

[有匪君子，如切如磋，如琢如磨。]

见《卫风·淇奥》

译文：彬彬君子文采多，仪表华美象牙磋，心思纯净金玉磨。

[巧笑倩兮，美目盼兮。]

见《卫风·硕人》

译文：浅笑盈盈酒窝俏，黑白分明眼波妙。

[投我以木瓜，报之以琼琚。]

见《卫风·木瓜》

译文：他送我一个香木瓜，我将佩玉报答他。

[知我者，谓我心忧；不知我者，谓我何求。悠悠苍天，此何人哉。]

见《王风·黍离》

译文：知心的人说我心里烦忧；局外不了解我的人问我有何求。高高在上的老天爷，是谁害我离家走。

[彼采萧兮，一日不见，如三秋兮。]

见《王风·采葛》

译文：那个采青蒿的姑娘一身香，一天不见心里慌，这一天犹似三年长。

[风雨如晦，鸡鸣不已。既见君子，云胡不喜？]

见《郑风·风雨》

译文：满天风雨黑阴阴，四路鸡声叫不停。盼到心上人来见我，怎不喜上眉头笑在心？

[青青子衿，悠悠我心。]

见《郑风·子衿》

译文：你的衣领青又青，悠悠思君伤我心。

[蒹葭苍苍，白露为霜。所谓伊人，在水一方。]

见《秦风·蒹葭》

译文：初生的芦苇青带黄，白色露水结为霜。我所想念的心上人，站在河水另一方。

[伐柯伐柯，其则不远。]

见《豳风·伐柯》

译文：砍根树枝做斧柄，手里的斧柄是标准。（按，柯：斧柄，则：标准。）

[昔我往矣，杨柳依依。今我来思，雨雪霏霏。]

见《小雅·采薇》

译文：想起我离家那时光，杨柳轻轻随风荡。如今回家赶路忙，雨雪纷纷湿衣裳。

[他山之石，可以攻玉。]

见《小雅·鹤鸣》

译文：他乡山上的石头别嫌弃，同样可以雕刻成玉器。

[投我以桃，报之以李。]

见《大雅·抑》

译文：友人送我一篮桃，我以李子相回报。

第八章 《礼记》导读

第一节 《礼记》概说

　　《礼记》是中国古代礼制文献的一个重要结集。所谓礼制，包括政治制度、社会伦理、风俗习惯、意识形态、行为规范等。古代儒家把这些内容写成了三大集，即《周礼》《仪礼》《礼记》，合称《三礼》或《礼经》，是国学经典之"六经"或"十三经"的重要组成部分，其中《周礼》又称《周官》《周官经》，是古代（先秦）政治机构体制和百官职责的一种构想。《仪礼》也称《礼经》，主要记载古代各种礼仪（如冠礼、婚礼、丧礼、祭礼、聘礼、乡射礼、饮酒礼等）的内容和程序，是中国几千年社会礼仪的渊薮。至于《礼记》，则内容庞杂，包括四十九篇，九万九千多字。按其内容可分四大类：第一类是阐述礼乐制度的性质、功能等一般理论，属于现代所谓"通论"的性质；第二类记述古代礼俗制度，包括居处、执事、事亲、丧葬、吊问、饮食、教育、待人接物等礼俗，以及先王班爵、宴会、祭祀、受禄、体育竞技、养老送终等；第三类是解释《仪礼》的，它和作为《礼经》的《仪礼》的区别在于《仪礼》记载各种礼仪的内容和程序，而《礼记》中这一部分则侧重阐述各种礼仪形式的意义；第四类记录一些名儒的生活和言行。其实这些言行大致可以归入前两类当中，因为其收录这些言行本意也是为了借以阐述礼制理论和说明礼俗制度的，因而会感到前后有些交叉或重复，产生这种现象的原因是《礼记》不是一人在某一特定时间所写的专著，而是从春秋战国到西汉初期这一段相当长的时期内许多儒家学者关于礼制的许多单篇文章的结集（论文集）。编辑这个文集的是汉宣帝（前73年—前48年）时的戴德和他的侄儿戴圣，各编了一个选本，戴德编的选本有八十四篇（世称大戴礼记），戴圣编的选本有四十九篇（世称小戴礼记）。汉末马融对小戴礼记作了修订重编，又由郑玄为它作注，一直流传下来，现在我们所读的《礼记》就是经马融重编，郑玄作注的《小戴礼记》。

《礼记》的思想内容

儒家认为人类社会与禽兽的根本区别在于人类有礼制（如婚姻、祭祀等）而禽兽没有，礼制不仅区别了人与禽兽，而且是理想的治世之道，所谓"安上治民莫善于礼"（《经解篇》），《礼记》认为远古时期人们为求福免灾，敬天祭祖，常以简单方式表达其愿望和感情，如踏地而歌，登高而呼，以食物置亡者口中等。此即礼之原始形态，随着生产力发展，物质生活水平提高，礼仪也逐渐复杂、隆重，如备斋饭、酒浆、粢盛、牺牲、鼎俎、安排乐器等。随着阶级的产生，礼有了显示不同等级的作用，即人们按贵贱等级，长幼次序，行动不得越界（违礼），礼制变成"礼治"。《礼记·经解》说明：朝觐之礼，以明君臣之义，聘问之礼，使诸侯互敬，丧祭之礼明臣子之恩，乡饮酒之礼以明长幼之序，婚姻之礼以明男女之别。《礼记·孔子燕居》指出礼是治国平天下的工具，是使一切事物符合宗法等级秩序的方法，是所有社会成员从事一切活动处理各种关系的准则，如果没有礼一切就会都失去秩序，任何事物都无法做好，礼是"民坊"，有如河堤防洪水，约束人之行为各守其界，各安其分，又互相亲爱，即儒家礼治理想国。

儒家认为"孝悌"是人伦之本，"孝悌"延伸即为"忠君"、"敬上"，故事君不忠为不孝，履职不勤为不孝，战阵无勇不孝（见《祭义》篇）。故此忠孝统一，君臣政治关系与父子伦理关系统一，故以君臣、父子、兄弟、长幼、夫妇、朋友、宾客之义教民，是为"七教"（见《王制》篇），并谓"七教"为"治民之本"。《礼记》的作者们认为礼以教化民众，乐以协调感情，政令统一行动，刑以惩戒奸邪。礼乐政刑四者并行不悖，王道之治也。

《礼记》认为礼上合天道，下合人情，如日月经天，江河行地。在远古时，天神崇拜与祖先崇拜是统一的，是维系氏族繁荣的支柱。《礼记》则将此种意识同自然秩序，社会秩序相结合，使之为宗法制度服务，以自然秩序而言，只有一个天，上帝、日月星辰、名山大川、众神受天神支配，地上秩序与天上秩序相同，天子是天神在人间的总代表，唯天子有权祭天，天子以下各人依自己身份各有相应的祭祀对象和仪式，天道运行也是王者施行教化的依据，礼乐制度是王取法于天地，阴阳、四时等依自然现象而作，如礼分吉凶，取法阴阳。丧服分四种，取法于春作夏长秋收冬眠（见《丧服四制》）。总之人类社会之和谐与自然界之和谐相通，故祭祀天神，礼乐制度，人伦观念相统一成为天经地义。

《礼记》还认为人情本于天道，须以天道治人情，人情由内心出发，与乐仁相通，理智为外在规范，与礼、义相通，故既要有感情，又不可放纵感情，此即制礼作乐的根据。

总之，《礼记》思想内容十分丰富而庞杂，包含了古代社会政治、伦理、经济、教育、哲学、宗教、道德观念等许多方面，是研究古代社会的宝贵资料。

《礼记》所阐述的礼乐制度在中国历史上曾发生重大影响，有些至今仍有借鉴意义。例如《礼运》篇里阐述的"大同之世"、"天下为公"的社会理想就概括而明晰地反映了全体劳动人民的愿望和要求，孙中山先生就曾以"天下为公"号召同盟会取得了辛亥革命的伟大胜利，以后又以此领导国共两党取得联合北伐的胜利，中山先生手书《礼运·大同篇》全文被联合国放大以金字铜匾悬挂于联合国总部大厅数十年，成为全世界进步政治家及各国民主党派共同的精神财富，是我中华民族对世界人类的伟大贡献。又如《礼记》中所宣扬的维护血缘关系和宗法制度的伦理思想，其作用也是双重的，一方面它掩盖阶级矛盾，阻碍个性解放，但另一方面它强调了子孙对祖先，对父母之邦（即祖国），对社会的道德的义务。它促进了人间互敬互爱，社会融洽和谐的公德，有利于社会稳定，民族凝聚，对中华民族的团结、繁荣、生存和发展起了积极的作用。例如 20 世纪抗日战争时期，我国几百万，乃至千万青年儿女就是在"为国尽大忠，为民族尽大孝"激励下，别父母，离妻子，走出家庭，奔赴前线，前仆后继，奋勇杀敌，取得了彪炳史册的抗日战争的伟大胜利，这其中固然有许多其他因素，但《礼记》中"移孝作忠"的思想力量不容抹杀。此外，《礼记》中还有许多自我道德修养的理论，也是我中华民族向世界文化宝库贡献的珍贵遗产。

《礼记》现行注本除前述的汉代郑玄《礼记》注外，还有唐代孔颖达的《礼记正义》，宋代卫湜和元代陈浩都有《礼记集说》，清代朱彬的《礼记训纂》，孙希旦的《礼记集解》，近人王梦鸥的《礼记今注今译》均可参考。本书引用清代阮元《十三经注疏》，译文依现今通行解释，原书字数很多，初学为难，只选部分有代表性者，加标题，附译文，以供初学。有自学能力者可找上列注译本继续阅读。

第二节 《礼记》原文选读

[大道之行也，天下为公[1]。选贤与能[2]，讲信修睦[3]。故人不独亲其亲，不独子其子[4]。使老有所终[5]，壮有所用[6]，幼有所长[7]，矜、寡、孤、独、废、疾者皆有所养[8]。男有分[9]，女有归[10]。货恶其弃于地也，不必藏于己[11]。力恶其不出于身也，不必为己[12]。是故谋闭而不兴[13]，盗窃乱贼而不作[14]，故外户而不闭[15]。是谓大同。]

见《礼运·大同》

注释：

[1] 天下成为公共的。

[2] 与：举（依王引之说）。能：能人。

[3] 讲信：讲求信用。修睦：调整人与人之间的关系，使它达到和睦。

[4] 第一个"亲"和第一个"子"都用如动词，是"以……为亲"和"以……为子"的意思。

[5] 有所终：等于说有善终。所，代词。下面三个"所"字同。

[6] 有所用：等于说有用处。

[7] 有所长（zhǎng）：等于说有使他们成长的各种措施。

[8] 有所养：等于说有供养。矜，同鳏（guān）。

[9] 分（fèn）：职分，职务。

[10] 归：出，这里指夫家。

[11] 财物，[人们]恨它扔在地上（即想收起来），但不一定藏在自己家里。货：财物。弃：扔。

[12] 力气，[人们]恨它不从自己身上使出来（即想使出来），但不一定为了自己。身：自身。

[13] 谋闭而不兴：奸诈阴谋之心不发生。

[14] 盗窃乱贼而不作：偷盗、造反、害人的事情没人干了。

[15] 外户而不闭：从外面合上门窗，不用门闩或上锁。

译文：治世大道得到实施的时候，天下成为公共的，选举贤良任用有才能的人为大家办事，讲究诚信，调节人与人间的关系，使大家和睦相处。因此人人不单爱自己的亲人，也爱别人的亲人；不单关怀疼爱自己的子女，也关怀疼爱别人的子女。使老年人能得到善终，青壮年能得到发挥其作用的条件，对幼年有使他们成长的各种措施，鳏夫寡妇、孤儿、独身、残废、疾病的人等都能得到供养。男子都有一定的职业、职务，妇女成年了都能有幸福的家庭，财货不能遗散于地，谷子不能烂在田里，要及时收割，不必收归于己，力量才干要发挥出来，但不一定为了自己。因此，一切阴谋诡计都没有市场，没有人使坏心眼，偷扒抢劫等坏事没人干，由此夜不闭户、路不拾遗，是为大同。

讲评：本文出自《礼记·礼运》篇，同指和、平，大同是高度的和平，实际是指原始共产主义社会的那种局面，反映了孔子因对春秋战国时期现实的不满而提出他对未来社会的一种理想。"天下为公"四个字可从三个方面理解。其一，天下本来就是老百姓公有的，不是一家一姓的私产，因此帝制和其他独裁专制都是违反天下为公的；其二，天下的事应当由老百姓自己（推选代表）共同管理，而不应是由某些人或武装势力集团自立为王，为民作主；其三，天下的福利应当天下老百姓共同享用，绝不能让少数人以权谋私，形成权贵资本主义而导致两极分化。

[政者，正也。君为正，则百姓从政矣。]

见《哀公问》

译文："政"译"正"。一国之君只要言行端正，那么他的百姓也会言行端正。说明君主是一国的表率，要严于律己。（正：端正。）

[毋不敬，俨若思，安定辞，安民哉。]

见《曲礼上》

译文：想要成为一个懂礼的人，就不要做不恭敬的事，举止要端庄严肃若有所思，言辞要安静和气从容不迫，这样才能安抚人民成为榜样。

[敖不可长，欲不可从，志不可满，乐不可极。]

见《曲礼上》

译文：傲慢不可滋长，欲望不可放纵，志向不可自满，享乐不可达到极点。

[夫礼者，所以定亲疏、决嫌疑、别同异、明是非也。]

见《曲礼上》

译文：礼，用来确定人际关系的亲疏远近，判断事情是否混淆相似，分辨物类的大同小异，明确礼制运用正确与否。

[为人子者，父母存，冠衣不纯素。孤子当室，冠衣不纯采。]

见《曲礼上》

译文：作为儿子，父母在世时，穿衣戴帽就不要全部是白色的。父母早逝，穿衣戴帽不要都是有纹彩的。

[礼不可妄说人，不辞费。礼不逾节，不侵侮，不好狎。]

见《曲礼上》

译文：于礼不可以随便取悦别人，不可说些做不到的话，行为要不越轨，不侵犯侮慢别人，不随便与人故作亲热。

[修身践言，谓之善行。行修言道，礼之质也。]

见《曲礼上》

译文：注重修养并实现诺言，这才是美好的行为。追求言行一致，这才是礼的本质。

[礼闻取于人，不闻取人。]

见《曲礼上》

译文：我只听说是要人主动取法的，没听说主动登门传授的。

[鹦鹉能言，不离飞鸟。猩猩能言，不离禽兽。今人而无礼，虽能言，不亦禽兽之心乎？夫唯禽兽无礼，故父子聚麀。是故圣人作，为礼以教人，使人以有礼，知自别于禽兽。]

见《曲礼上》

译文：鹦鹉会说话，仍然脱不开飞禽的范畴；猩猩会说话，也脱不开走兽的范畴。现在的人们如果不讲礼制，即使（嘴上）能说话，可是心理上还不是等同于禽兽一样吗？只有禽兽没有礼制的约束，因此才会有长幼共享一只母兽的行径。所以圣人们做了礼制用来教化民众，使他们遵守礼制，知道自己与禽兽是有区别的。

[礼尚往来。往而不来，非礼也；来而不往，亦非礼也。人有礼则安，无礼则危。故曰：礼者不可不学也。]

见《曲礼上》

译文：礼制讲究的是相互往来。你讲礼节但得不到对方的回报，这是对方的失礼；人家对你讲礼你却不还礼，这是你的失礼。人讲究礼制才能心安身安，否则就会遭受危险。所以说：礼制的学问是不能不学的。

[夫礼者，自卑而尊人。虽负贩者，必有尊也，而况富贵乎？富贵而知好礼，则不骄不淫；贫贱而知好礼，则志不慑。]

见《曲礼上》

译文：礼讲求放低自己的姿态而尊敬别人。即便是背筐的小贩，也一定有自尊心，何况那些达官贵人呢？富贵之人明晓礼制，就会不骄矜不过分；贫贱之人知晓礼制，就不会丧气害怕。

[苟利国家，不求富贵。]

见《儒行》

译文：只求有利于国家，不求个人富贵。

[人化物也者，灭天理而穷人欲者也。]

见《乐记》

译文：人的内心受到外界事物的诱惑而发生变化，人变成了物，就会泯灭了天授予人类的善良本性，去追求无穷的个人私欲上的满足。

[君子之教喻也，道而弗牵，强而弗抑，开而弗达。道而弗牵则和，强而弗抑则易，开而弗达则思。和易以思，可谓善喻矣。]

见《学记》

译文：君子的教化是善于晓谕的，让人明白道理，只加以引导，而不去强迫别人服从；对待学生严格，但并不抑制其个性的发展；加以启发，而不将结论和盘托出。只引导而不强迫，使学习的人容易亲近。教师严格而不压抑，使学生能够自由发挥，得以充分发展。只加以启发而不必全部说出，使学生能够自己思考（以免阻碍了学生独立思考的能力）。使人亲近又能自动思考，这才是善于晓谕了。

[学者有四失，教者必知之。人之学也，或失则多，或失则寡，或失则易，或失则止。]

见《学记》

译文：学习的人有四种过失容易犯，教导的老师一定要知道。人在学习的时候，或有贪多而不求甚解的毛病，或有得少为足的毛病（知道一些就满足了），或有认为太容易而不认真学习的毛病，或有自我设限，不求进步的毛病。

[善歌者，使人继其声；善教者，使人继其志。]

见《学记》

译文：善于唱歌的人，能使人继承他美妙的歌声；善于教学的人，能使人继承他的志向而努力不懈。

[君子知至学之难易，而知其美恶，然后能博喻；能博喻，然后能为师；能为师，然后能为长；能为长，然后能为君。]

见《学记》

译文：君子知道求学深浅难易的顺序，对于个人的特性差异都能了解，然后方能因材施教，广泛地加以晓谕；能广泛地晓谕，然后才有能力做老师；能够做老师，才能做官长；能做官长，才能做领袖。

[凡学之道，严师为难。师严然后道尊，道尊然后民知敬学。]

见《学记》

译文：求学的道理，尊敬老师是最难做到的。老师受到尊敬，然后真理学问才会受到敬重。真理学问受到尊敬，然后人民才会敬重学问，认真学习。

[善学者，师逸而功倍，又从而庸之；不善学者，师勤而功半，又从而怨之。]

见《学记》

译文：善于学习的人，老师很安闲，而教育效果反而加倍地好，学生更把功劳归之于老师教导有方；不善于学习的人，老师教得很辛苦，效果却仅得一半，学生反而归罪于老师。

[记问之学，不足以为人师。必也听语乎。力不能问，然后语之；语之而不知，虽舍之可也。]

见《学记》

译文：自己没有心得、没有独到见解的人，就没有资格做老师。一定要学生提出问题，才加以解答；学生心里有疑问，没有能力表达时，老师才可以开导；老师开导了，学生仍然不明白，虽然暂时放弃指导，等待将来也是可以的。

[人生十年曰幼，学；二十曰弱冠；三十曰壮，有室；四十曰强，而仕；五十曰艾，服官政；六十曰耆，指使；七十曰老，而传；八十九十曰耄；七年曰悼。悼与耄，虽有罪，不加刑焉。百年曰期，颐。]

见《曲礼上》

译文：人在十岁的时候称为"幼"，开始求学；二十岁体质未强，称为"弱"，可以戴冠了；三十岁血气已定，称"壮"，娶妻生子；四十岁气血智力已成，称为"强"，可以做官；五十岁力衰发白，称为"艾"，可做大夫治政；六十岁渐入老境，故称为"耆"，可以指使别人做事；七十岁完全变老，所以称"老"，要将经验传授给子孙了；八十岁、九十岁日渐衰老，称为"耄"；七岁幼小无识，称为"悼"。"悼"和"耄"即使有罪，也不会处以刑法。人生以百年为一个时期，百岁就要颐养天年了。

[玉不琢，不成器。人不学，不知道。是故古之王者，建国君民，教学为先。]

见《学记》

译文：玉石不经过琢磨，就不能用来做器物。人不通过学习，就不懂得道理。因此，古代的君王建立国家，治理民众，都把教育当做首要的事情。

[虽有佳肴，弗食，不知其旨也；虽有至道，弗学，不知其善也。是故，学然后知不足，教然后知困。知不足，然后能自反也；知困，然后能自强也。故曰：教学相长也。]

见《学记》

译文：虽然有好菜摆在那里，如果不吃，也就不能知道它的美味；虽然有至善的道理，如果不去学习，也不能知道它的美好可贵。所以说：学习过后才知道自己的学识不够，教人之后才发现自己的常识不通达。知道不够，然后才能反省，努力向学。知道有困难不通达，然后才能自我勉励，发愤图强。所以说：教与学是相辅相成的。

[化民易俗，近者说服，而远者怀之，此大学之道也。]

见《学记》

译文：教化人民，移风易俗，然后附近的人都心悦诚服，远方的人也都来归附。这是做大学问的方法。

[凡学，官先事，士先志。]

见《学记》

译：凡学习做官，先学习管理事情，要做一个读书人，先学习立志。

[大学之法，禁于未发之谓豫，当其可之谓时，不陵节而施之谓孙，相观而善之谓摩。此四者，教之所由兴也。]

见《学记》

译文：大学教人的方法，在一切邪恶的念头未发生之前，就用礼来教育，来约束禁止，这就是预备、防备的意思。当学生可以教诲的时候才加以教导，就叫做合乎时宜。依据学生的程度，不跨越进度，不超出其能力来教导，就叫做循序渐进。使学生互相观摩而学习他人的长处，就叫做切磋琢磨。这四种教学方法，是教育之所以兴盛的原因。

[发然后禁，则扞格不胜；时过然后学，则勤苦而难成；杂施而不孙，则坏乱而不修；独学而无友，则孤陋而寡闻；燕朋逆其师，燕辟废其学。此六者，教之所由废也。]

见《学记》

译文：邪恶的念头已经产生，然后再来禁止，因为错误的观念已经坚不可拔，教育亦难以胜任。适当的学习时期过了才去学，虽然努力苦学，也难有成就。东学一点西学一些，却不按照进度学习，只能使头脑混乱毫无条理而已。没有同学在一起研讨，切磋琢磨，便落得孤单落寞而少见闻。结交不正当的朋友，会导致违背师长的教训，不良的习惯，会荒废自己的学业。这六项，是导致教育失败的原因。

第九章 《墨子》导读

第一节 《墨子》概说

墨家是先秦"百家争鸣"中学派之一,开创者为墨子。墨子,名翟,是战国时期著名思想家、政治家、军事家、社会活动家和自然科学家。

墨家学派有前后期之分,前期思想主要涉及政治、伦理及认识论;后期墨家在逻辑学方面有重要贡献,形成了中国古代第一个比较完整的逻辑体系。

墨家以"兴天下之利,除天下之害"为宗旨。墨者多来自社会下层,但又有一定知识或有技能,他们有强烈的社会实践精神;墨者可以"赴汤蹈刃,死不旋踵",纪律严明,无条件服从"巨子"的领导。

前期墨家在战国初期就已经有很大影响,与杨朱学派并称"显学"。《孟子·滕文公下》曾言:"杨朱、墨翟之言盈天下,天下之言,不归杨,则归墨"。战国以后,墨家逐渐衰微,到了西汉时,由于汉武帝的"独尊儒术"政策及墨家自身的局限,墨家在西汉之后基本消失。

《墨子》一书是墨家思想的集中表现,是墨子的弟子及其再传弟子对墨子言行的记录。

《墨子》一书大致分两部分:一部分记载墨子的言行,阐述墨子的思想,主要反映了前期墨家的思想。其社会伦理思想以兼爱为核心,反对儒家所强调的社会等级观念。它又以尚贤、尚同、节用、节葬、非乐作为治国方法。它还反对当时的兼并战争,提出非攻的主张。它主张非命、天志、明鬼，一方面否定天命，另一方面又承认鬼神的存在。

另一部分《经上》《经下》《经说上》《经说下》《大取》《小取》等六篇，一般称作"墨辩"或"墨经"，着重阐述墨家的认识论和逻辑思想，还包含了许多自然科学方面的内容，特别是天文学、几何、光学和静力学等，反映了后期墨家的思想与成果。

《墨子》一书逻辑性很强，善于运用具体事例进行说理，使说理文有了很大发展，对后世议论文的发展起到了重要作用。

第二节 《墨子》原文选读

[今有一人，入人园圃[1]，窃其桃李，众闻则非之[2]，上为政者得则罚之[3]。此何也？以亏人自利也[4]。至攘人犬豕鸡豚者，其不义又甚入人园圃窃桃李[5]。是何故也？以亏人愈多。苟亏人愈多，其不仁兹甚[6]。罪益厚[7]。至入人栏厩[8]，取人马牛者，其不仁义又甚攘人犬豕鸡豚。此何故也？以其亏人愈多[9]。苟亏人愈多，其不仁兹甚，罪益厚。至杀不辜人也[10]，扡其衣裘[11]、取戈剑者，其不义又甚入人栏厩取人马牛。此何故也？以其亏人愈多。苟亏人愈多，其不仁兹甚矣，罪益厚。当此[12]，天下之君子皆知而非之，谓之不义。今至大为攻国[13]，则弗知非，从而誉之，谓之义。此可谓知义与不义之别乎？]

见《非攻（上）》[14]

注释：

[1] 种树的地方叫园，种苗的地方叫圃。这里园圃是泛称。

[2] 非：非难，责备。

[3] 为政者：执政的人。得，得到，这里指捕获。

[4] 以：因为。

[5] 至：至于。攘：扣留别家走失的禽畜，与偷盗不同。豚（tún）：

小猪。

[6] 兹：同滋，更。

[7] 厚：这里当"重"讲。

[8] 栏：古时称牛马的圈。厩：马棚。这里栏厩泛指牛马的圈。

[9] 苟：假如。

[10] 辜（gū）：罪，也，语气词，引起下文。

[11] 扡（tuō）：同拖，这里指拽（zhuài）下来。

[12] 当此：对此。

[13] 为：动词。"攻国"是动宾词组作宾语用。

[14]《非攻》共有上中下三篇。这里选的是上篇。

译文：现在有一人到别人园圃偷窃人家的桃李，众人知道都会指责他，上面官员可以抓捕他，这是什么缘故？是因他损害别人以利自己。攘夺别人家的猪狗鸡鸭，其不义的程度又超过进人园圃盗取桃李，这是什么道理？是因为使别人亏损更多，使别人损愈多，其不仁义程度更深，罪更重。至于进入牛栏马厩夺取别人马、牛的，其不仁性又超过攘夺别人猪狗鸡鸭，这又是为什么？是因为使别人亏损更多，其不仁义性更深，罪恶也更重。至于滥杀无辜、撕拽别人衣裳、抢夺别人戈剑者，其不仁义性和罪恶又比夺人牛马更重。对此，天下正派人都知道其不对而谴责他，批评他不义。现在有人攻伐别国，却不知错，反而称赞他，说是义战，这能够算是分得清义和不义的界限吗？

[杀一人，谓之不义，必有一死罪矣[1]。若以此说往[2]，杀十人，十重不义[3]，必有十死罪矣；杀百人，百重不义，必有百死罪矣。当此，天下之君子皆知而非之，谓之不义。今至大为不义，攻国，则弗知非，从而誉之，谓之义。情不知其不义也[4]，故书其言以遗后世[5]；若知其不义也，夫奚说书其不义以遗后世哉？[6]]

见《非攻（上）》

注释：

[1] 一：一重（chóng）。

[2] 假如按照这种解释类推。若：假如。此说：指"杀一人，必有一死罪"的道理。往：这只是习惯说法，没有"去"的意义，而只表示类推。

[3] 十重（chóng）：即十倍。

[4] 情：诚，实在。

[5] 所以把称赞攻国的话记载下来遗留给后世。

[6] 奚说：怎样解释。

译文：杀一人，就是不义，应是一重死罪。枉杀十人，十重不义，应有十重死罪；枉杀百人，百重不义，应有百重死罪。对此，天下正直人士都知道而谴责他，批评其不义。现在有人行大不义去侵犯别国，却不知错，反而受到称赞，说是义举。明明知道是不义的事，却把这种攻伐别国的战事记录下来，遗留于后世。如果知道是不义战争，那为什么还要把它记录下来留传后世呢？

[今有人于此，少见黑曰黑，多见黑曰白，则必以此人为不知白黑之辩矣[1]；少尝苦曰苦，多尝苦曰甘，则必以此人为不知甘苦之辩矣。今小为非，则知而非之；大为非攻国，则不知非，从而誉之，谓之义：此可谓知义与不义之辩乎？是以知天下之君子也，辩义与不义之乱也[2]。]

见《非攻（上）》

注释：

[1] 辩：同辨。

[2] 乱：混乱，指混为一谈。

译文：现在有人于此，少见黑说黑，多见黑说白，那么，人们就会认为这个人是不能分别黑白的；少尝苦说苦，多尝苦说甜，那么人们就会认为这个人是不能分辨甜苦口味的人。现在对人的小过错知道不对，而能批评他，对于攻伐别国这种不义战争的大罪恶却不知其恶，反而赞美他，说是义战，这难道可以说是知道义与不义的分辨吗？由此可见天下的大人先生们对义与不义分辨观念的混乱了。

第十章 《老子》导读

第一节 《老子》概说

以老子和庄子为主要代表的道家是春秋战国时期一重要思想学派,《汉书·艺文志·诸子略》云:"道家者流,盖出于史官,历记成败,存亡,祸福,古今之道,然后知秉要执本,清虚以自守,卑弱以自持。"可见道家主要思想在清静无为。

道家首创人老子原姓李名耳,字伯阳,又名老聃。大约生于公元前571年(长孔子20岁)。楚国苦县曲仁里(今河南鹿邑)人。曾为周守藏室吏,中年曾受周王亲族迫害而避祸于鲁国,四十岁时被召回任原职,后因周室内乱,老子骑青牛过函谷关,关令尹喜恳请老子写书,乃作《道德经》(又名《老子》),后,不知所终。

《老子》一书五千字,八十一章,上卷《道经》三十七章,下卷《德经》四十四章,其要领可概括为:

(1)"道"是宇宙的本体,万物的根源,"道生一,一生二,二生三,三生万物。万物负阴而抱阳,冲气以为和。"

(2)"道"是事物发展的规律。"合抱之木,生于毫末;九层之台,起于累土;千里之行,始于足下。""图难于其易,为大于其细。天下难事,必作于易;天下大事,必作于细。"

(3)"道"有超越性。"道可道,非常道;名可名,非常名。"恒道、恒名是万物的原始,是世界本原的哲学抽象,是一种混沌、无法言说,但又内含于各具体存在之中。

（4）"道"有辩证性。"有无相生，难易相成。""祸兮福所倚，福兮祸所伏。"

（5）"道"的本质是自然、无为。"人法地，地法天，天法道，道法自然。""道常无为而无不为。"

现存《道德经》的最早文本，是1973年出土于长沙马王堆汉墓的两种帛书，即帛书甲本与帛书乙本。帛书本与原通行于世的西汉河上公本，有一些重要的差别，即：

①《老子》一书有《道经》《德经》两部分。在河上公本中，《道经》居前，《德经》在后。而帛书本则次序相反，因此被称为《德道经》。

②河上公本全书分为八十一章，帛书本不分章。

③河上公本中作为语助词的"兮"字在帛书本中一律写作"呵"。如"渊兮，似万物之宗"，写作"渊呵，始万物之宗"。

④帛书中多用借字。甚至同时同地出土的甲、乙二本，也常有同义不同形的借字。如，写"谓"作"胃"，写"其"作"丌"，写"冲"作"中"等。又如河上公本六十一章"常以靖胜"一句，在帛书甲本写作"恒以靓胜"，而乙本则写作"恒以静朕"。

由上述差别可见：

其一，帛书甲、乙本与河上公本存在如此差异说明，直到西汉时代，《道德经》一书尚无统一的定本。

其二，"呵"与"兮"相比，似更接近于口语。联系帛书甲、乙本中借代字极多，借音字互不同，并且不分节的事实可以想见，现在的《道德经》一书确实源自口授的记录。

其三，尽管有这些不同，但基本的内容和总体思想倾向是一致的。因此研读老子哲学，仍当以河上公本为据。

老子所谓道者，"天之道"也，是指宇宙中事物发展、变化、运动的总规律；而老子所谓德者，则是人之道，即人世上祸、福、兴、亡、成、败相互替易变化的规律。如果说《道经》是自然哲学和方法论，那么《德经》就是历史哲学和政治论。

由此也就可以理解为什么有《道德经》与《德道经》两套写本了。要向老子一书中寻求帝王治国之术的汉初政治家，所重视的是《德经》，所以马王堆那些西汉贵族墓中所掘出的两种帛书均以《德经》置于首篇。而当时的思辨玄学家们，更重视的却是老子的形而上理论，所以西汉以来的另一种传本（河上公本）便把《德经》置于首篇了。

老子说："道可道，非常道。名可名，非常名。"（第1章）这两句话是《道经》的开篇之首，对于老子全书具有提纲挈领的意义。它以思辨的形式，道出了规定与否定、有限与无限的辩证关系。

"天下万物生于有，有生于无。"（第40章）"常无，欲以观其妙；常有，欲以观其徼。此两者同出而异名。同谓之玄。玄之又玄，众妙之门。"（第1章）对"有"与"无"这一对范畴的辩证分析，几乎是哲学史上一切辩证哲学的出发点。所以黑格尔的《大逻辑》和《小逻辑》都从"有论"开始。然而，自魏晋以来，老子的"有"与"无"这一对范畴，却被王弼、何晏等一班玄学家解得玄之又玄，以至变成了不知所云谓的离奇神话。但若拆穿来看，老子上述命题所蕴涵的道理乃是十分简单的。

试考察一个事物在历史进程中的形态变化，即可以普遍地发现这样的规律：某一事物，起初呈现为一种存在形态，而在后来的发展中，逐渐演变为完全不同的另一种新存在形态。例如，一粒微小的树籽，通过不断的发育变化，最终长成为一棵高大的树木。

如果对事物的这种形态变化作思辨分析，就可以指出这乃是一个二重化的过程：一方面是事物原有的旧形态通过变化过程而消失，即由有转化为无。另一方面是先前潜在的事物新形态，逐渐生成出现，即由无显现为有。例如，大树先前是无的，在树籽的变化中转化为有。树籽原来是有的，在大树的长成中消失于无。

由这种分析就不难引出如下的结论：

第一，事物之新形态是从"无"中发生，因此，无是本原。（"天下万物生于有，有生于无。"）（第40章）

第二，事物之旧形态总是向"无"转化的，因此，无是归宿。（"夫物芸芸，各归其根，归根曰静。"）（第16章）

第三，一切现存的事物，都在自身中结合着有与无的二重形态，即一是作为现存实有的形态和另一种潜在而尚未实有的形态。但后者必将否定并取代前者。

由此就可推出老子哲学中的又一个重要命题，即"万物负阴而抱阳"（第42章）。这里不妨指出，过去许多哲学史研究者都忽略了一个极重要的事实，即在中国哲学史上，历来存在着对于阴阳观念的两种极不相同的解释。一种解释把事物之阴阳，解释为具有对立特征的相异物，例如男、女，天、地，乾、坤等。另一种解释则是老子的理解——一种真正辩证的理解：他把阴阳看作同一物自身形态的二重化，即非实有的潜蕴形态（无，阴）与其现实形态（有，阳）的统一。黑格尔指出："无、空，在东方体系中，主要在佛教中，是绝对的本质——深奥的赫拉克利特举出变这个更普遍、更高级的范围，来反对那种简单、片面的抽象，并且说有比无并不更多一点；或是说一切皆流，也就是说一切皆变——一切有的东西，在出生中，本身就有消逝的种子，反过来，死亡也是进入新生的门户——这种通俗的东方谚语，在根本上恰恰表现了有与无的合一。"

在这里黑格尔指出，事物在变化过程中的形态二重化，即同时作为"有"的事物与尚"无"的事物之统一体，乃至东方哲学关于有无同一命题的根本奥秘。这是非常深刻的。

从事物通过变化由有向无、由无向有的对立转化中，老子提出了"道"的第二原理——"反者道之动"（第42章）。这虽然是老子哲学的第二原理，但却是老子哲学最根本的原理。实际上，老子关于道的其他一切命题，都或者是导向这个原理的前提，或者是由这个原理中引出的结论。老子认为，事物由不存在（无）走向存在（有），积小而成大，积弱变强，以至于全盛、最终达到顶点，再一变而为其反面，终至灭亡而无有；如是生生不已，这就是宇宙中的一切事物生生灭灭、运行发展所必然遵循的永恒不变之"道"。

老子用大量的事例，对道的这一原理作了具体生动的说明，他说"物壮则老"（第30章），"强梁者不得其死"（第42章），"天之道犹张弓也，高者抑之，下者举之。有余者损之，不足者补之"（第77章），"人之生也柔弱，其死也坚强。万物草木之生也柔脆，其死也枯槁。故曰：坚强者死之徒，柔弱者生之徒也"（第76章），"有无相生，难易相成，长短相形，高下相盈，音声相和"（第2章），"曲则全，枉则正，洼则盈，敝则新，少则得，多则惑"（第22章）。

老子由这一原理出发，引出了他的治国、平天下之术，也就是他的政治思想为六个字，即：以反求正之术。用老子自己的话说，即"玄德深矣远矣，与物反矣，用复至于大顺"（第65章）。实际上，老子的逻辑是极其简单的。既然一切事物总是要向相反的方向发展，凡处大者，将变为小；凡处强者，将变为弱；凡处贵者，将变为贱；那么为了使大者常大，使强者常强，使贵者常贵，就应该反其道而求之，处大而若处小，处强而若处弱，处贵而若处贱；即自觉地、主动地使自己处在小、弱、贱的地位上。这样按道的规律发展，所得的结果则恰将是其反，即大、强、贵。

可以把老子的这种策略思想概括为这样一个图表：

以反求正之术 $\begin{cases} 以退为进 & 以辱为荣 & 以少为多 \\ 以败为胜 & 以缺为成 & 以损为益 \\ 以愚为智 & 以冲为盈 & 以柔为刚 \\ 以弱为强 & 以屈为伸 & 以掩为张 \\ 以后为先 & 以拙为巧 & 以废为兴 \\ 以下为上 & 以讷为辩 & 以予为夺 \end{cases}$ 无为则无不为

自唐代以后，有一些人认为《老子》书是一部兵书。实际上，《老子》书中确实包含军事哲学的内容。但这种军事韬略，并不是老子哲学的主干，相反乃是老子"以反求正"哲学思想的副产品。

根据相反相成原理，老子提出了"无为而治"的主张。"是以圣人之治，虚其心，实其腹，弱其志，强其骨。常使民无知欲，使夫智者不敢为也，为无为，则无不治。"（第3章）

把老子的伦理学观点与先秦儒家伦理学观点作一对比，就会发现这两种价值观念在许多方面是相反的。儒家主张用世，老子主张避世。儒家主张进取，老子主张无为。儒家主张"爱人"，行仁政，老子主张"以百姓为刍狗"，听其自然。儒家主张博学多知，老子主张"绝圣弃知"。儒家重人事，老子尊天道。儒家主张"去私"，老子则主张"成其私"。儒家崇奉西周礼治，主张克己复礼，实际上是以颂古的形式非今，抨击时政，主张改革政治。而老子根本摒弃西周礼治，认为"礼"是"忠信之薄而乱之首"，主张使社会彻底倒退到原始氏族时代去。孟子曾这样描述他心中理想的政治家形象：

"居天下之广居，立天下之正位，行天下之大道，得志与民由之，不得志独行其道。富贵不能淫，贫贱不能移，威武不能屈，此之谓大丈夫。"（《孟子·滕文公》）

而老子心中理想的圣人形象却是：

"自知不自见，自爱不自贵"，"不敢为天下先""知其荣，守其辱"，"专气致柔"——无知无欲无为，如同初生的"婴儿"。

（6）"道"施于政治是"无为而治"。"我无为而民自化，我好静而民自正，我无事而民自富，我无欲而民自朴。"老子的"无为"并非要求统治者毫不作为，而是要一切顺乎自然，不要过多干涉，一意孤行，强作妄为。要去甚，去奢，去泰，即免除极端的、奢侈浪费的、过分的事情，让人自我生存，自我化育。

（7）道家的处世哲学是虚静、柔顺、寡欲、不争。"致虚极，守静笃。""上德若谷。""上善若水，水善利万物而不争。""甚爱必大费，多藏必厚亡。知足不辱，知止不殆，可以长久。""夫唯不争，故天下莫能与之争。"

《老子》书言简意赅，须详读解，方易领会，较重要的注本有魏王弼《老子注》，近代马叙伦《老子校诂》，高亨《老子正诂》，均可参考。

第二节 《老子》原文选读

[道可道，非常道；名可名，非常名。无名，天地之始；有名，万物之母。常无欲，以观其妙；常有欲，以观其徼。此两者，同出而异名，同谓之玄，玄之又玄，众妙之门。]

见《第1章》

译文： 可以用言语说得出的"道"，不是永恒的道；可以说得出的名，不是永恒的名。无名是天地混沌未开的初始；有名是万物生成的根源。因而，常从"无"中去观察道的奥妙；常从有中去体察事物发展的根本。有名无名同源于道，名称不同，实为一物。同为深奥，深奥又深奥，是洞悉万物的门径。

[天下皆知美之为美，斯恶已；皆知善之为善，斯不善已。故有无相生，难易相成，长短相形，高下相倾，音声相和，前后相随。是以圣人处无为之事，行不言之教，万物作而弗始，生而弗有，为而弗恃，功成而弗居。夫唯弗居，是以不去。]

见《第2章》

译文： 天下人都知道美之所以为美，那是由于有丑陋的存在。都知道善之所以为善，那是因为有恶的存在。……因此圣人用无为的观点处理世事，用不言的方式施行教化：听任万物自然兴起而不强加倡导，顺应自然本性生养万物而不据为己有，功成业就而不自居。正由于不居功，他的成功才不会泯灭。

[不尚贤，使民不争；不贵难得之货，使民不为盗；不见可欲，使民心不乱。]

见《第3章》

译文： 不推崇有才德的人，使得老百姓不互相竞争；不珍爱稀有难得的财物，使得民心安宁而不去偷盗；不显耀引起贪心的东西，使得民心不被迷乱。

[挫其锐，解其纷，和其光，同其尘。]

见《第4章》

译文： 挫磨它争胜的锋锐，解脱一切复杂纷乱的心志，含敛它的光耀，混同于尘垢。

[天地不仁，以万物为刍狗。圣人不仁，以百姓为刍狗。]

见《第5章》

译文：天地无所谓仁爱，对待万事万物就像对待刍狗一样，任凭其自生自灭。圣人也无所谓仁爱，同样像刍狗那样对待百姓，任凭人们自我发展。

［圣人后其身而身先，外其身而身存。］

见《第7章》

译文：圣人遇事谦退无争，反而能领先众人；将自己置之度外，反而能保全生命。

［上善若水。水善利万物而不争，处众人之所恶，故几于道。］

见《第8章》

译文：最高的善行就像水一样。水善于滋润万物而不与万物相争，停留在众人都不喜欢的地方。这种高尚的品质、德性最接近于"道"。

［金玉满堂，莫之能守。富贵而骄，自遗其咎。功遂身退，天之道也。］

见《第9章》

译文：凡是金玉满堂的，都无法守藏。如果富贵又骄横，那是自己留下祸根。所以功成名就，就要含藏收敛，这是符合顺应自然规律的道理。

［生之，畜之，生而不有，长而不宰。是为玄德。］

见《第10章》

译文：让万物生长繁殖而不占为己有，虽有所作为却不为己功，作万物之长而不主宰它们，这就叫做最深远的德。

［五色令人目盲。五音令人耳聋。］

见《第12章》

译文：五彩缤纷的物质，使人眼花缭乱；繁杂邪乱的音调，使人听觉不敏。

［宠辱若惊，贵大患若身。］

见《第12章》

译文：遇到宠爱或羞辱都好像受到惊恐，把荣辱这样的大患看得与自身生命一样珍贵。

[致虚极，守静笃。]

见《第 16 章》

译文：尽量使心灵的虚寂达到极点，使生活清静坚守不变。

[大道废，有仁义；智慧出，有大伪。]

见《第 18 章》

译文：大道被废弃了，才有提倡仁义的需要；聪明智巧出现后，才产生虚伪、欺诈。

[绝圣弃智，民利百倍；绝仁弃义，民复孝慈；绝巧弃利，盗贼无有。]

见《第 19 章》

译文：抛弃所谓的聪明智巧，人民才可以得到百倍的利益；抛弃所谓的仁义，人民才可以恢复孝慈的天性；抛弃那些巧诈和私利，社会才没有盗贼。

[见素抱朴，少思寡欲，绝学无忧。]

见《第 19 章》

译文：保持纯洁朴实的本性，减少私欲杂念，抛弃圣智礼法的学问，才能免于忧患。

[俗人昭昭，我独昏昏。俗人察察，我独闷闷。]

见《第 20 章》

译文：世上的人都很精明自炫，唯独我是糊涂无知的样子。世上的人都很严厉苛刻，唯独我是无所识别的样子。

[曲则全，枉则直。]

见《第 22 章》

译文：委曲便会保全，弯曲反而会伸直。

［夫唯不争，故天下莫能与之争。］

见《第 22 章》

译文：正因为不与人争，所以遍天下没有人能与他争。

［自见者不明，自是者不彰。］

见《第 24 章》

译文：自我表现的人反而得不到彰明；自以为是的人反而得不到彰扬。

［人法地，地法天，天法道，道法自然。］

见《第 25 章》

译文：人效法地，地效法天，天效法"道"，而道顺任自然。

［知其雄，守其雌，为天下溪。］

见《第 28 章》

译文：深知什么是雄强，却甘守柔顺，成为天下的溪涧。

［是以圣人去甚，去奢，去泰。］

见《第 29 章》

译文：因此，圣人并不强为，顺其自然，要除去那种极端、奢侈、过度的作为。

［知人者智，自知者明。胜人者有力，自胜者强。］

见《第 33 章》

译文：能了解别人叫做智慧，能认识自己才算高明。能战胜别人表示有力量，能战胜自己才算坚强。

［将欲废之，必故兴之；将欲取之，必故与之。］

见《第 36 章》

译文：想要废去它，必先姑且振兴它；想要夺取它，必先姑且给予它。

［道常无为而无不为。］

见《第 37 章》

译文：道永远是顺任自然而无所作为，却又能无所不为。

［故至誉无誉。］

见《第 39 章》

译文：所以最高的荣誉无须赞誉。

［上德若谷。］

见《第 41 章》

译文：崇高的德好似低下的山谷。

［道生一，一生二，二生三，三生万物。万物负阴而抱阳，冲气以为和。］

见《第 42 章》

译文：道产生一个统一体（一），这个统一体产生阴阳二气（二），阴阳二气相交而形成一种调匀和谐状态（三），万物就是在这种状态中产生。万物背阴而向阳，阴阳二气的互相激荡又形成新的和谐体。

［天下之至柔，驰骋天下之至坚。］

见《第 43 章》

译文：天下最柔弱的东西，能够驱使天下最坚硬的东西。

［甚爱必大费，多藏必厚亡。故知足不辱，知止不殆，可以长久。］

见《第 44 章》

译文：过分的爱惜名利就必定要付出更多的代价，过于积敛财富，必定会招致更为惨重的损失。所以，知道满足，就不会受到屈辱，知道适可而止，就不会遇到危险，这样才可以保持长久的平安。

［大巧若拙，大辩若讷。］

见《第 45 章》

译文：最灵巧的好似最笨拙的；最卓越的辩才，好似不善言辞。

[祸莫大于不知足；咎莫大于欲得。故知足之足，常足矣。]

见《第46章》

译文：最大的祸害是不知足，最大的过失是贪得无厌。所以知道满足的人，永远是满足的。

[为学日益，为道日损。损之又损，以至于无为。无为而无不为。]

见《第48章》

译文：求学的人，知识一天比一天增加；求道的人，情欲一天比一天减少。减少又减少，到最后以至于"无为"的境地。如果能够做到无为，那就没有什么事做不成。

[善者，吾善之；不善者，吾亦善之，德善。信者，吾信之；不信者，吾亦信之，德信。]

见《第49章》

译文：善良的人，我善待于他；不善良的人，我也善待他，这样整个社会可以人人向善。守信的人，我信任他；不守信的人，我也信任他，这样整个社会可以人人守信。

[知者不言，言者不知。塞其兑，闭其门；挫其锐，解其纷；和其光，同其尘，是谓玄同。]

见《第56章》

译文：聪明的智者不多说话，到处说长论短的人就没有智慧。塞住嗜欲的孔窍，闭住嗜欲的门径；磨去人们的锋芒，化解他们的纷争，含敛他们的光耀，混同其尘世，这就达到了深奥的玄同境界。

[故圣人云："我无为，而民自化；我好静，而民自正；我无事，而民自富；我无欲，而民自朴。"]

见《第57章》

译文：所以有道的圣人说："我无为，人民就自我化育；我好静，人民就自然安定；我无事，人民就自然富裕；我无欲，而人民就自然淳朴。"

[祸兮，福之所倚；福兮，祸之所伏。]

见《第58章》

译文：灾祸啊，幸福依傍在它的里面；幸福啊，灾祸藏伏在其中。

[图难于其易；为大于其细。天下难事，必作于易；天下大事，必作于细。是以圣人终不为大，故能成其大。]

见《第63章》

译文：图谋难事要从容易的地方入手，实现远大要从细微的地方入手。天下的难事，一定从简易的地方做起；天下的大事，一定从微细的部分开端。因此，有"道"的圣人对待天下的事，不等待它大了才去办，所以都能做成大事。

[合抱之木，生于毫末；九层之台，起于累土；千里之行，始于足下。]

见《第64章》

译文：合抱的大树，生长于细小的萌芽；九层的高台，筑起于每一堆泥土；千里的远行，是从脚下第一步迈出。

[古之善为道者，非以明民，将以愚之。民之难治，以其智多。]

见《第65章》

译文：古代善于为道的人，不是使人民知晓智巧伪诈，而是使人民淳厚朴实。人们之所以难于统治，乃是因为他们使用太多的智巧心机。

[江海之所以能为百谷王者，以其善下之，故能为百谷王。]

见《第66章》

译文：江海所以能够成为百川河流所汇聚的地方，乃是由于它善于处在低下的地位，所以能够成为百川之王。

［以其不争，故天下莫能与之争。］

见《第 66 章》

译文：因为他不与人相争，所以天下没有人能和他相争。

［民不畏威，则大威至。］

见《第 72 章》

译文：当人民不畏惧统治者的威压时，那么，可怕的祸乱就要到来了。

［天网恢恢，疏而不失。］

见《第 73 章》

译文：自然所布下的罗网，宽广无边，虽然宽疏但并不漏失。

［民不畏死，奈何以死惧之。］

见《第 74 章》

译文：人民不畏惧死亡，为什么用死来吓唬他们呢？

［强大处下，柔弱处上。］

见《第 76 章》

译文：凡是强大的，总是处于下位，凡是柔弱的，反而居于上升地位。

［天下莫柔弱于水，而攻坚强者莫之能胜。］

见《第 78 章》

译文：天下再没有什么东西比水更柔弱了，而攻坚克强却没有什么东西可以胜过它。

［天道无亲，常与善人。］

见《第 79 章》

译文：自然规律对任何人都没有偏爱，永远帮助有德的善人。

［至治之极：甘美食，美其服，安其居，乐其俗，邻国相望，鸡犬之声相闻，民至老死不相往来。］

见《第 80 章》

译文：国家治理得好极了，使人民吃得香甜，穿得漂亮，住得安适，过得快乐。国与国之间互相望得见，鸡犬的叫声都可以听得见，但人民从生到死，都不相往来。

[信言不美，美言不信。善者不辩，辩者不善。知者不博，博者不知。]

见《第81章》

译文：诚实的语言不华美，华美的语言不真实。善良的人不巧说，巧说的人不善良。真正有知识的人不卖弄，卖弄自己的人不是真有知识。

[天之道，利而不害；圣人之道，为而不争。]

见《第81章》

译文：自然的规律是让万事万物都有利，而不伤害它们。圣人的行为准则是，帮助别人，而不与之相争。

第十一章 《庄子》导读

第一节 《庄子》概说

庄子（前369—前286年），战国时期宋国蒙（今河南商丘）人，早年曾为漆园吏，因看不惯官场黑暗腐败，以后终生不仕。著《庄子》书三十三篇，是先秦极重要的哲学家和第一流的文学家。对后世影响极为深远。庄子的学术思想"本归于老子之言"，但有许多自身的特点。

一、齐是非，齐万物，齐生死

古希腊普罗塔拉说："人是万物的尺度。"但在庄子看来，人的是非不是天下万物的是非。以人观之，各有是非；以道观之，无所谓是非。故庄子说"彼亦一是非，此亦一是非"，"是亦一无穷，非亦一无穷"。又说："因其所然而然之，则万物莫不然；因其所非而非之，则万物莫不非。"还说："自其异者视之，肝胆，楚越也；自其同者视之，万物皆一也。"

在庄子看来，所谓是非、然否、异同，并没有一个客观的标准，只是因为看问题的立场和角度不同，才得出了不同的结论，从而陷入相对主义而不能自拔。庄子所处的时代，是百家争鸣的时代。在他看来，这种是非是不能辨明的。但是，他的是非生于"成心"的看法，却包含着要克服主观、片面的思想。人们有了成心，就像井底之蛙不可能知道海之大，夏日的昆虫不可能知道冰之寒。（《秋水》篇云："井蛙不可以语于海者，拘于虚也；夏虫不可以语于冰者，笃于时也；曲士不可以语于道者，束于教也。"）

二、道通于一

庄子把道看作是最高的原理,认为:"万物一齐,孰短孰长?道无终始,物有死生。"在庄子看来,道是"无所不在"的。《知北游》说:"东郭子问于庄子曰:'所谓道,恶乎在?'庄子曰:'无所不在。'"他还否定造物主,或真宰,他以为宇宙是无限的,内容是十分丰富的。《秋水》篇说:"夫物,量无穷,时无止,分无常,终始无故。"物之形体,时时都在变化,没有一成不变的物。《秋水》篇说:"物之生也,若骤若驰。无动而不变,无时而不移。"《知北游》篇说:"人生天地之间,若白驹过隙,忽然而已。"这就是所谓一虚一满,方生方死。运动的变化是绝对的,无条件的。

但是,庄子把这种变化强调到绝对的程度,得出"天地与我并生,万物与我为一"的结论。他说:"莛与楹,厉与西施,恢诡谲怪,道通于一。其分也成也,其成也毁也。凡物无成无毁,复通于一。"莛是小木料,楹是大梁;厉是病丑之人,西施是美女;恢诡谲怪,恢是宽大,诡是奇变,谲是狡诈,怪是妖异。大小美丑,各色各样的稀奇古怪,都是一样的,没有分别。事物的生成与毁灭,也是没有差别的。这就和事实相悖,物的规定性也就被取消了。

庄子认为道无始终无生死,事物时时变化,无论是寿夭、大小、生死、忧乐、荣辱、穷通等概念,彼此无差别,"万物齐一"。他做梦变成蝴蝶,醒后说,不知是庄周做梦变蝶,还是蝴蝶做梦变成庄周。

三、道兼于天

在庄子看来,自然是美好的,人只是万物中之一物,用人的行为改变天地万物是不好的。

他说:"牛马四足是谓天,落(即络)马首,穿牛鼻是谓人。"他反对以人为变天然,即"以人灭天","以故灭命"。在《至乐》篇中,他说了一个故事:有一只海鸟,飞到鲁国。鲁国国君把它请入太庙,大办酒筵,奏《九韶》以为乐。可是,这只海鸟什么也不敢吃,表现得很悲哀,过了三天,死了。庄子说这就是以养己之道养鸟,而养鸟是要放之于树林,让它自由自在的。好的音乐，人欢喜，禽兽并不欢喜。鱼处水而生，人处水则死。在他心目中，天即自然，也就是道，道的作用也是自然的："道兼于天。"

四、自由平等

他提倡绝对的精神自由。天地与我并生，而万物与我为一。人要顺乎"事之变，命之行"。他认为摒弃智慧和认识，才能达到绝对的精神自由。他的思想也包含着一些辩证的因素，标志着他在认识论上达到了一个新的高度。

太炎先生云："庄子发明自由平等之义，在《逍遥游》《齐物论》二篇。'逍遥游'者自由也，'齐物论'者平等也。"庄子的自由平等观与近人不同，近人所谓自由，专讲人与人之间发生关系，庄子讲"无待"，他认为人与人之间的自由，一旦遇到饥寒交迫，就不自由了。就是列子御风，大鹏展翅，皆有待于风，也不自由。真自由是无待，即无条件的、绝对的。近人平等只指人与人平等，人与禽兽草木不平等。佛法讲人与禽兽平等。庄子更彻底，齐物即讲与物平等，仅物平等还不够。是非之心存焉，心中尚不平等，非要去是非之心不可，才是真平等。

《庄子》一书，现存的是晋郭象的注本，向秀也注过《庄子》，向秀其注尚存，郭象是参考了他的著作的。《庄子》一书共三十三篇，内篇七，外篇一五，杂篇十一。就其性质来说，可分为五类：

第一类讲全生，即保全自己，免受危害，如《养生主》《人间世》等。

第二类主要是对旧世界的批判，反对礼，如《马蹄》《骈拇》《胠箧》《在宥》。

第三类讲养生和修炼，如《刻意》《缮性》《达生》之类，和宋研、尹文的思想极相近。

第四类是讲自然观的，如《天地》《天道》《庚桑楚》等。

第五类主要讲相对主义，如《逍遥游》《齐物论》和《秋水》篇，这是庄子的著作，和《天下》篇中所说的庄周思想精神相合，即所谓"独与天地精神往来，而不敖倪于万物，不谴是非，以与世俗处"也。

庄子不仅是先秦最大的哲学家，而且是诗人，是文学家。这是庄子有别于其他思想家、哲学家的特点。对于旧世界,他和老子一样,是采取批判态度的。老子主张"绝圣弃智",庄子进一步认为"圣人不死,大盗不止"。庄子对旧的统治者也是充满了愤激之情,认为:"彼窃钩者诛,窃国者为诸侯。诸侯之门而仁义存焉!"

庄子在《天下》篇中指出,"治方术"的人,虽然他们都认为"其有(即所学)为不可加",但都只不过是"时有所用"的"一曲之士"。他对墨翟、禽滑釐、宋䦉、尹文、彭蒙、田骈、慎到、关尹、老聃、庄周、惠施都有所议论。如对惠施,说:"能胜人之口,不能服人之心。"对墨翟,说:"乱之上也,治之下也。"但对他所批评的人,也都作了肯定,例如,说"墨子真天下之好",称之为"才士"。《天下》篇肯定关尹、老聃是"博大真人",说其学是"以本为精,以物为粗,以有积为不足,澹然独与神明居"。他说自己:"芴漠无形,变化无常,死与生与,天地并与,神明往与,芒乎何之,忽乎何适!"也就是他自己所说的至人。至人是无入而不自得的,哀乐俱不能入的。此篇系庄子自叙,前为总论,后分列诸家,可考古代学术源流。

《庄子》书中常常借用许多寓言故事阐明自己的观点,揭露社会的黑暗,讽刺那些可憎可恶的人间万相。他解释说:

"寓言十九,重言十七,卮言日出,和以天倪。寓言十九,藉外验之。亲父不为其子媒,亲父誉之,不若非其父者也。……重言十七,所以已言也。是为耆艾。……卮言日出,和以天倪,因以曼衍,所以穷年。"

《庄子·寓言》中的这一段活,就是寄托他人来说话,往往十言而九见信,这就是寓言,"寓",寄托的意思。让年高德劭、为世所重的人站出来说话,往往十言而七见信。这就是重言。重,敬重的意思。卮言,就是因势利便、随机应变的辩说。卮,是酒杯,满则倾,空则仰,随着情况的变化而变化。

他在《天下》篇中又说:"庄周闻其风而悦之,以谬悠之说,荒唐之言,无端崖之辞,恣纵而不傥,不以觭见之也。以天下为沉浊,不可与庄语。以卮言为曼衍,以重言为真,以寓言为广,独与天地精神往来,而不敖倪于万物。不谴是非,以与世俗处。……上与造物者游,而下与外死生无终始者为友。"

"曼衍"是变化无穷的意思。《齐物论》有"和之以天倪,因之以曼衍"的话,就是说"卮言"的随物应变、变化无穷的。"重言"是借历史人物的话,来表达和阐释自己的思想和观点,是真理的化身。"寓言"是推而广之,是把论点引向更加宽广的深度和广度,而这些都是出之"以谬悠之说,荒唐之言,无端崖之辞"。

晋郭象在《庄子序》中说庄周"未始藏其狂言,言虽无会而独应者也。夫应而非会,则虽当无用;言非物事,则虽高不行。与夫寂然不动,不得已而后起者,固有间矣,斯可谓知无心者也。夫心无为,则随感而应,应随其时,言唯谨尔。故与化为体,流万代而冥物(与万物暗合),岂曾设对独遘,而游谈乎方外哉?此其所以不经而为百家之冠也"。

郭象这篇序言,既肯定庄周的"狂言",是"不经"之谈,又肯定他的话是心有所会,事有可征,与万物之情暗相契合的高论,所以可以流传于万代,冠冕于百家,真可谓是庄周的异代知己。

庄周在思想方面,发展了《老子》消极的一面,把过去人们所创造的一切文明,都看成是社会动乱的根源,主张"绝圣弃智"回到"愚而朴"的蒙昧时代,这是他思想消极的一面。

庄子的思想也有积极的一面。他痛恨并无情地揭露了当时那个"窃钩者诛,窃国者为诸侯"的不合理的社会,他拒绝和统治者合作,鄙视富贵利禄,并辛辣地嘲笑那些追求名利的人。这对以后某些知识分子的反礼教、反封建统治,起了一定的作用。

庄子的文章变幻奇诡,汪洋恣肆,所谓"意出尘外,怪生笔端",想象力很强,具有浓厚的浪漫主义色彩,并富有幽默讽刺的意味,对后世文学语言影响很大。

古人给《庄子》作注的有晋代的司马彪、孟氏、崔譔、向秀、郭象五家,现存的只有郭注本十卷。唐代有成玄英为郭象注作疏。清代有王先谦的《庄子集解》和郭庆藩的《庄子集释》。今人刘武的《庄子集解内篇补正》对王先谦的集解有不少的纠正和补充,中国台湾大学陈鼓应的《庄子今注今译》,也值得参考。

第二节 《庄子》原文选读

[北冥有鱼，其名为鲲。鲲之大，不知其几千里也；化而为鸟，其名为鹏。鹏之背，不知其几千里也；怒而飞，其翼若垂天之云。是鸟也，海运则将徙于南冥；南冥者，天池也。《齐谐》者，志怪者也。

谐之言曰："鹏之徙于南冥也，水击三千里，抟扶摇而上者九万里，去以六月息者也。"野马也，尘埃也，生物之以息相吹也。天之苍苍，其正色邪？其远而无所至极邪？其视下也，亦若是则已矣。且夫水之积也不厚，则其负大舟也无力。覆杯水于坳堂之上，则芥为之舟，置杯焉则胶，水浅而舟大也。风之积也不厚，则其负大翼也无力。故九万里则风斯在下矣，而后乃今培风；背负青天而莫之夭阏者，而后乃今将图南。蜩与学鸠笑之曰："我决起而飞，抢榆枋，时则不至，而控于地而已矣，奚以之九万里而南为？"适莽苍者，三餐而反，腹犹果然；适百里者，宿舂粮；适千里者，三月聚粮。之二虫，又何知？小知不及大知，小年不及大年。奚以知其然也？朝菌不知晦朔，蟪蛄不知春秋：此小年也。楚之南有冥灵者，以五百岁为春，五百岁为秋；上古有大椿者，以八千岁为春，八千岁为秋：此大年也。而彭祖乃今以久特闻，众人匹之，不亦悲乎？]

见《逍遥游》

译文：北海有一种鱼，名叫鲲，非常大，大到不知几千里。鲲变大鸟，名字叫鹏。鹏的脊背大到不知几千里，奋飞起来，翅膀像垂在天边的云。这只鸟，当海动风起时，就要飞到南海去。南海是什么地方？就是天池。

在《齐谐》这本记载着许多怪事的书上说："鹏飞南海，两翅膀激起的浪花三千里；乘风飞翔，冲向高空九万里。它是乘凭六月之风飞往南海的。"

野马般的游气，飞扬的尘埃，活动的生物，都被大风吹起，天色苍茫，这是它的本色吗？还是因为天高而不能见其深远呢？高飞的大鹏往下看，也是这般光景吧！

水如积得不深，就无力浮载大船。在屋中凹地倒一杯水，把小草放上，也可飘起像船。如果把杯子放上就要着地粘泥，这是水浅船大的缘故。风蓄的强度不大，就没有负载巨翅的力量。大鹏所以能高飞九万里，是因它下边有巨大风力。它凭借风力，背负青天，毫无阻碍，飞往南海。

蝉和鸠讥笑大鹏说："我们奋力而飞，飞上榆檀，有时竟飞不到，就暂落地上；何必高飞九万里，到遥远的南海去呢？"

到郊外旅行，一天可回来，肚子还饱饱的；到一百里远的地方去，要用一夜的时间准备干粮；到千里远的地方去，就要三个月准备干粮。

而蝉和鸠，这两个小东西又知道些什么呢？

小智不了解大智，短命的不了解长寿的。怎么知道是这样的呢？

朝生暮死的虫子，不知道一个月的时光，生命只有一个夏季的小蝉，不知道春天和秋天。这些生物的寿命是短促的。

楚国南面，有只神龟，以五百年为一个春天，以五百年为一个秋天；上古时期，有一棵椿树，以八千年为一个春天，以八千年的为一个秋天。这些生物的寿命是漫长的。

然而，只活了八百岁的彭祖，竟以长寿著称，大家都羡慕他，岂不可悲吗？

[惠子谓庄子曰："魏王贻我大瓠之种，我树之成，而实五石。以盛水浆，其坚不能自举也。剖之以为瓢，则瓠落无所容。非不呺然大也，吾为其无用而掊之。"庄子曰："夫子固拙于用大矣。宋人有善为不龟手之药者，世世以洴澼絖为事。客闻之，请买其方百金。聚族而谋曰：'我世世为洴澼絖，不过数金；今一朝而鬻技百金，请与之。'客得之，以说吴王。越有难，吴王使之将，

冬,与越人水战,大败越人。裂地而封之。能不龟手,一也,或以封,或不免于洴澼絖,则所用之异也。今子有五石之瓠,何不虑以为大樽而浮乎江湖,而忧其瓠落无所容,则夫子犹有蓬之心也夫!"]

见《逍遥游》

译文:惠子对庄子说:"魏王给了我一粒葫芦种子,我把它种在地里,结的葫芦有五石之大。用它盛水,其坚固程度不能胜任;把它切瓢,却又没有这么大的水缸能纳。这个葫芦不能算不大了,可它没有任用之处,我就把它砸碎了。"

庄子说:"这是你不会用'大'啊!宋国有一个人,善于制造不裂手的药物,他家世代以漂丝为业,擦这个药,漂丝使手不裂。一个客人听说了,找到这个人,用一百金买他的药方。这人把全家招在一起,商量说:'我家世代以漂丝为业,所得不过数金;而今卖出这个药方,一下可得百金,还是卖了吧。'这个客人买到药方,去游说吴王。这时,越国正准备攻打吴国,吴国就派这位客人为将军,率兵与越国交战。他与越国水战,正是寒冬时候,因有不裂手的药物,才把越国打败了,吴王因此奖他一片土地。同样是一个不裂手的药方,一个人因此得到大赏,另一个却只用它漂丝。为什么呢?因为用法不同,想法不同。现在你有能装五石的大葫芦,为什么就想不到把它作为一个腰舟,拿他去遨游江湖呢?你只愁它太大,无物可纳,可见你茅塞不通啊!"

[庖丁为文惠君解牛,手之所触,肩之所倚,足之所履,膝之所踦,砉然响然。奏刀騞然,莫不中音:合于桑林之舞,乃中经首之会。

文惠君曰:"嘻,善哉!技盖至此乎?"

庖丁释刀对曰:"臣之所好者,道也;进乎技矣。始臣之解牛之时,所见无非牛者;三年之后,未尝见全牛也。方今之时,臣以神遇而不以目视,官知止而神欲行。依乎天理,批大郤,导大窾，因其固然；技经肯綮之未尝，而况大軱乎！良庖岁更刀，割也；族庖月更刀，折也。今臣之刀十九年矣，所解数千牛矣，而刀刃若新发于硎。彼节者有间，而刀刃者无厚；以无厚入有间，恢恢乎其于游刃必有余地矣！是以十九年而刀刃若新发于硎。虽然，每至于族，吾见其难为；怵然为戒，视为止，行为迟，动刀甚微。謋然已解，如土委地。提刀而立，为之四顾，为之踌躇满志；善刀而藏之。"

文惠君曰："善哉！吾闻庖丁之言，得养生焉。"]

见《养生主》

译文：庖丁给文惠君杀牛，手碰到的，肩扛住的，脚踩上的，膝抵着的，咔嚓咔嚓，次啦次啦，没有不合音节的。好像在跳桑林之舞，好像在奏"经首"之曲。

文惠君说："嘻！好！技术如此精湛！"

庖丁放下刀说："我爱好是道，比技术高深一等。我刚杀牛时，见到的都是整个的牛。三年以后，看到牛都是一块一块的。现在，我心领神会而不用眼看，感官停运，心灵活动。顺着天然构造，在筋肉间隙劈割，在骨节空处行刀，刀刃连筋腱都碰不着，何况那些大骨头呢？高明的厨师一年一把刀，因为他免不了用刀割肉；普通的厨师一月一把刀，因为他要砍断骨头。我这把刀十九年了，杀的牛有几千头，刀刃还像刚磨过。筋肉骨节自有间隙，刀刃却没有厚度，用没有厚度的刀刃进入那些间隙，刀刃游走绰绰有余，所以十九年了刀刃还像刚刚磨过。虽然如此，每当碰到筋骨盘结，不易下手，便高度警惕，眼珠不动，手慢慢地举，刀轻轻地割，呼啦一下解开，好像一堆泥土摊在地上。我提刀站起，四下张望，踌躇满志，把刀擦净收起。"

文惠君说："好！我听了庖丁之言，悟出了养生之道。"

[将为胠箧、探囊、发匮之盗而为守备，则必摄缄縢，固扃鐍，此世俗之所谓知也。然而巨盗至，则负匮、揭箧、担囊而趋，

唯恐缄縢扃鐍之不固也。然则，乡之所谓知者，不乃为大盗积者也？

夫川竭而谷虚，丘夷而渊实，圣人已死，则大盗不起，天下平而无故矣。圣人不死，大盗不止。虽重圣人而治天下，则是重利盗跖也。为之斗斛以量之，则并与斗斛而窃之；为之权衡以称之，则并与权衡而窃之；为之符玺以信之，则并与符玺而窃之；为之仁义以矫之，则并与仁义而窃之。

何以知其然邪？彼窃钩者诛，窃国者为诸侯。诸侯之门，而仁义存焉。则是非窃仁义圣知邪？故逐于大盗、揭诸侯、窃仁义并斗斛权衡符玺之利者，虽有轩冕之赏弗能劝，斧钺之威弗能禁。此重利盗跖而使不可禁者，是乃圣人之过也。故曰："鱼不可脱于渊，国之利器不可以示人。"彼圣人者，天下之利器也，非所以明天下也。

故绝圣弃知，大盗乃止；擿玉毁珠，小盗不起；焚符破玺，而民朴鄙；掊斗折衡，而民不争；殚残天下之圣法，而民始可与论议，擢乱六律，铄绝竽瑟，塞瞽旷之耳，而天下始人含其聪矣；灭文章，散五采，胶离朱之目，而天下始人含其明矣，毁绝钩绳，而弃规矩，斲工倕之指，而天下始人有其巧矣。故曰："大巧若拙。"削曾、史之行，钳杨、墨之口，攘弃仁义，而天下之德始玄同矣。]

见《胠箧》

译文：

为了防备撬箱子、摸口袋、开柜子的小偷作案，就得把绳子捆紧，锁钮加牢，这是世俗认为的聪明。然而大盗来了，扛起柜子，搬起箱子，挑起口袋就走，他们还担心绳子没有捆紧，锁钮不太牢固呢。既然这样，那么以往所认为的聪明，不是在为大盗积蓄财物吗？

河川干涸了，山谷便显得空虚；山丘平坦了，深渊便被填实。圣人死了，大盗不会兴起，天下也就太平；圣人不死去，大盗不止息！虽是推重圣人治天下，但这不过是有利于盗跖啊！

制造斗斛以量物，却连斗斛也窃取了；制造衡器以称物，却连衡器也窃取了；制造大印凭信，却连大印也窃取了；倡导仁义以匡世，却连仁义也窃取了。

凭什么这样认为呢？那偷了带钩的被处死了，而窃取了国家的反而成为诸侯，诸侯的门庭也就有了仁义，这不是窃取了仁义和圣智吗？所以追随大盗，窃位诸侯，窃取仁义以及斗斛、衡器、大印的人，虽有高官显爵的赏赐，也不能被劝勉而不为盗；虽有刀斧刑罚的威逼，也不能被禁止而不为盗。这样，大有利于盗跖而弄得不可禁止的，实在是圣人的罪过啊！所以说："鱼不可以离开深渊，国家利器不可以显示于人。"那些圣人就是天下的利器，是不可以向天下明示的。

所以根绝圣人，抛弃智巧，大盗才能停止；扔掉美玉，砸烂宝珠，小偷才不兴起；烧焚符契，毁坏大印，百姓就纯朴了；破坏斗斛，折断衡器，百姓就不再争利；毁弃天下的圣人法度，百姓才可以言谈议论；搅乱六律，消灭竽瑟，蔽塞师旷的耳朵，天下才能人人内养耳力的聪敏；消灭文采，离散五色，粘住离朱的眼睛，天下才能人人内养眼力的明快；毁掉钩绳，废弃规矩，折断工倕的手指，天下才能人人保持他们的技巧。所以说："大巧的人表面笨拙。"根除曾参、史鱼的行为，钳制杨朱、墨翟的唇舌，排斥、捐弃仁义，天下人的德行才能合于自然之道。

第十二章 《荀子》导读

第一节 《荀子》概说

荀子(前298—前238年)名况,字卿,战国末期赵国人。五十岁到齐国,在当时的学术文化中心稷下学宫讲过学,"最为老师",曾三次担任齐国祭酒(大学校长),后来去楚国,做过地方官兰陵令。晚年在兰陵著书,著名的法家人物李斯和韩非都是他的学生。他的著作是西汉时刘向编的,称为《荀卿新书》。其中,主要是荀卿写的,但也有他的学生记载他言行的作品。

荀子是先秦又一大儒家,他不仅是儒家的大师,还是先秦哲学的总结性人物,同时他又被视为法家,是儒法过渡人物。

清汪中说:"荀子之学,出于子夏氏之儒。"孔子的礼乐学说到子夏设教西河,发生新变,子夏于诸经皆有发明,荀子则继承了子夏氏之儒。

荀子为儒家的一大转手,儒学到荀子发生巨变,他根据时代的要求,将道、墨、法的观念注入儒学。在政治上,他主张王霸并用,礼法并重,同时他又开法家、兵家之先路,荀子的思想传到他的弟子李斯、韩非手里就发展而为法家思想。

荀子的礼不同于孔子的礼。孔子的礼,讲血缘的亲疏远近贵贱,不变革旧体制维护等级制度;荀子的礼则反血缘、世袭的社会结构,主张按人的贤愚划等级。

孔子之礼,多在修己反省,内在道德,外在舆论监督。荀子的礼,多在社会规范，多在法制，而成为法家的前驱。

礼是荀子学说的核心观念。礼到了荀子那里，已具有法度、规范、秩序的含义，即所谓"礼者，法之大分，类之纪纲也"。

孟子和荀子都称儒家。但两家的学问来源大不同：

孟子通古今，长于《诗》《书》，而由《诗》入。《诗》以道性情，故云人性本善；荀子精于制度典章之学，隆《礼》《乐》而杀《诗》《书》，而由《礼》入，《礼》以立节制，故云人性本恶。

孟子言性善，主扩充，推原于恻隐之心，故重感情；荀子言性恶，主矫正，谓人性虽恶，但弃恶从善，由于知善之质，而重理论。

孟子论政，尚德教，尊先王，寄其理想于远古，言必称尧舜，鄙视战国现实政治，专讲王道仁政，向往太平大同之道；荀子论政，重刑赏，法后王，对当时秦之法治十分欣赏，专讲乱世小康之道。

孟子讲仁义，主张内发良知良能；荀子言礼，以礼为修养工具，主张外范，应以严肃规范，以为修束身心的标准。

孟子认为天有意志，主张天人合一；荀子认为天无意志，主张天人相分。

在《天论篇》中，荀子提出了唯物主义的自然观。他说："天行有常，不为尧存，不为桀亡。"治乱和天没有关系，把天和人截然分离，以为"明天人之分"者，才可以说得上是至人。他大呼："大天而思之，孰与物畜而制之！从天而颂之，孰与制天命而用之！"这就是他提出的"制天命而用之"的人定胜天的思想。

他在《非相篇》中，提出破除迷信的思想。

在《解蔽篇》中，荀子提出人有十蔽："欲为蔽，恶为蔽，始为蔽，终为蔽，远为蔽，近为蔽，博为蔽，浅为蔽，古为蔽，今为蔽。"

他说"墨子蔽于用而不知文，……庄子蔽于天而不知人"，都是由于知"道"之一隅，而道是"体常而尽变"的，只知其一隅就不能得其全貌，只有孔子是"仁知且不蔽"。他就这样提出了自己的方法论。

荀子认为学习《诗》《书》的目的在于隆礼，治国的目的在于实行礼仪教化的王道。《荀子》以及《易传》《大学》代表了儒家思想向外发展为治国平天下的一路。

《劝学篇》《修身篇》提出了今天还值得我们重视的教育理论，他说"学不可以已"，"青出于蓝而胜于蓝"，"不积跬步无以至千里，不积小流无以成江海"。

《修身篇》说："故非我而当者，吾师也；是我而当者，吾友也；谄谀我者，吾贼也。"这都是极有智慧的人生格言。

在《礼论》《乐论》中，他给儒家所说的礼乐以理论为根据：由于人不能无乐，乐则必有表现，声音动静，是变化无穷的，因而，"穷本极变，乐之情也；著诚去伪，礼之经也"。这种说法是很有新意的。

冯友兰先生说《荀子》一书带有儒家总集的性质，夏曾佑说两千年的儒学是荀学，从历史上看，是很有道理的。

《荀子》一书，唐杨惊为之注，清王先谦作《集解》，收集了两千年来学者关于这部书的研究成果。梁启超撰《荀子简释》，极便初学，有上海古籍出版社的本子（1956年版）。

第二节 《荀子》原文选读

[君子曰：学不可以已。青，取之于蓝而青于蓝；冰，水为之而寒于水。]

见《劝学》

译文：君子认为学习是不可以停止不前的。青色由蓝色产生而比蓝色更青翠悦目，冰块由流动的水凝结而成比水更寒凉。（学习越深入体会越深刻。）

[故木受绳则直，金就砺则利，君子博学而日参省乎己，则知明而行无过矣。]

见《劝学》

译文：正如木材弹了墨线以后，就可以锯成直方，金属刀斧，经磨砺以后，就会更锋利。有修养的人多学多问又像曾子那样坚持自我反思，就可以头脑清醒免于过失了。

［干、越、夷、貉之子，生而同声，长而异俗，教使之然。］

见《劝学》

译文：吴越地方的婴儿与东北地方出生的婴儿，小时哭声笑声都是一样的，长大以后言语、行为、习俗大不相同，是周围环境教育的结果。（由此可见教育的重要性。）

［怠慢忘身，祸灾乃作。］

见《劝学》

译文：对自己放纵松懈，灾祸就要发生。

［百发失一，不足谓善射；千里跬步不至，不足谓善御。］

见《劝学》

译文：射出一百支箭，只有一支没命中目标，这不能说善于射箭；走了一千里的路就差半步而没到达终点，这不能说善于驾车。（比喻做事要做到完美。）

［欲观千岁，则数今日。］

见《非相》

译文：要观察千年以前的情景，就看现在。

［苟不求助，何能举？］

见《大略》

译文：不求贤人帮助，怎么能办好事情呢？

［少而不学，长无能也；老而不教，死无思也。］

见《法行》

译文：年少时如不学习，长大了就没有才能；年老时如不对人教诲，死了之后就没有人怀念。

［在天者莫明于日月，在地者莫明于水火，在物者莫明于珠玉，在人者莫明于礼义。］

见《天论》

译文：在天上的事物里，没有比日月更明亮的；在地上的事物中，没有比水火更闪亮的；在所有的事物中，没有比珍珠、美玉更光彩耀目的；在人的行为举止里，没有比礼义更贤明的。

[主道知人，臣道知事。]

见《大略》

译文：一国之君的职责是选用贤人，臣子的职责是处理分内的事务。（按，知：掌管。事：职务）

[君贤者其国治，君不能者其国乱。]

见《议兵》

译文：君主英明，他的国家就会安定；君主没有能力，他的国家就会混乱。

[名无固宜，约之以命。约定俗成谓之宜，异于约则谓之不宜。]

见《正名》

译文：名称没有本来就恰当的，是由人们约定好而给其起的名。约定好了，习以为常了，便是正确的，和约定好的名称不一样的就是错误的。

[涂之人可以为禹。]

见《性恶》

译文：普通的人都可以成为像大禹那样的圣人。（按，涂之人：普通人。）

[善在身，介然必以自好也；不善在身，菑然必以自恶也。]

见《修身》

译文：好的品行在身，就感到坚定自信，自己必定喜欢；不好的品行在身，就感到全身污浊，自己必讨厌。（按，介然：耿介的样子。好：爱。菑："灾"，引申为浑浊的意思。）

[明主好要,而暗主好详。]

见《王霸》

译文:英明的君主善于抓住要领,而愚昧的君主样样统抓在手。(按,详:完。)

[君子养心莫善于诚,致诚则无它事矣。]

见《不苟》

译文:君子修养心性最重要的是诚信,达到最诚信的程度就不会有别的麻烦事发生了。(按,致,极也。)

[以修身自名,则配尧禹。]

见《修身》

译文:通过修身养性达到自我强大,那么(他的)声名也可以与尧和禹这样的圣人相比。

[士有妒友,则贤交不亲;君有妒臣,则贤人不至。]

见《大略》

译文:一个人如果有好嫉妒他人的朋友,那么贤德的人就不会来亲近他;国君有好嫉妒他人的臣子,那么贤良的人就不会来辅佐他。

[善学者尽其理,善行者究其难。]

见《大略》

译文:善于学习的人能彻底了解其中的道理,善于实干的人能探究其中的疑难困惑。

[故君子博学深谋,修身端行,以俟其时。]

见《宥坐》

译文:所以君子要做到增长知识,提高能力,搞好道德修养,端正品行,等待机遇到来。(按,俟:等待。)

[君子之学也,入乎耳,箸乎心,布乎四体,形乎动静。]

见《劝学》

译文：有德行人的学问，听在耳里，记在心中，流露在身体仪态上，表现在行为举止中。（按，箸：同"著"，附着。）

[不诱于誉，不恐于诽；率道而行，端然正己。]

见《非十二子》

译文：不被赞誉引诱，不因为诽谤而感到恐惧；按照道义行事，正直无私地改正自己的过错。（按，诽：诽谤。）

[不闻不若闻之，闻之不若见之，见之不若知之，知之不若行之。]

见《儒效》

译文：没听到不如听到，听到不如看到，看到不如懂得，懂得不如实行。

[夫德不称位，能不称官，赏不当功，罚不当罪，不祥莫大焉。]

见《正论》

译文：品德和地位不相称，能力和官职不相称，奖赏和功劳不相当，惩罚和罪过不相当，这样是最危险的了。

[故君子耻不修，不耻见污；耻不信，不耻不见信；耻不能，不耻不见用。]

见《非十二子》

译文：君子以品德修养不够为耻辱，不以受到了侮辱为耻；以没有诚信为耻，不以不受信任为耻；以没有能力为耻，不以不被任用为耻。

[君子崇人之德，扬人之美，非谄谀也。]

见《不苟》

译文：君子推崇别人的品德，表扬别人的优点，这不是阿谀奉承。

[道虽迩，不行不至；事虽小，不为不成。]

见《修身》

译文：路程虽然近，但不走的话就无法到达；事情虽然小，但不去做的话就不会成功。（按，迩：近。）

[罚其忠，赏其贼，夫是之谓至暗。]

见《臣道》

译文：处罚那些忠诚的人，奖赏那些奸佞之辈，他真是糊涂到极点了啊。（暗：愚昧。）

[国家失政，则士民去之。]

见《致士》

译文：国家政治腐败，士大夫和人民就会离开国家。（按，去：离开。）

[悍戆好斗，似勇而非。]

见《大略》

译文：蠢直剽悍，喜欢战斗，这样看似很勇敢却根本不是。（按，悍：凶悍。戆：蠢直。）

[福莫长于无祸。]

见《劝学》

译文：没有什么比没有灾祸更幸福的了。

[弓调而后求劲焉，马服而后求良焉，士信悫而后求知能焉。]

见《哀公》

译文：弓经过调整才要求它强劲有力，马在驯服后才要求它为良骏，读书人有诚信后才要求他聪明能干。（按，调：调试。劲：强劲。悫：诚实、谨慎。）

[不学问，无正义，以富利为隆，是俗人者也。]

见《儒效》

译文：不学习，缺乏正义感，只求财富兴隆，这是庸俗的人。（按，隆：兴隆。俗人：平庸的人。）

[故君子苟能无以利害义，则耻辱亦无由至矣。]

见《法行》

译文：因此君子如果能够做到不以利益危害道义，那么耻辱也就没有理由到来了。（按，义：道义。）

[见其可利也，则必前后虑其可害也者。]

见《不苟》

译文：看到它多利的某方面，一定也要看到它多害的方面。（按，可：多。）

[不知其子视其友。]

见《性恶》

译文：不知道儿子的好坏，只要看看他的朋友也就明白了。

[倾则不精。]

见《荀子·解蔽》

译文：心有偏向，办事就不能专诚。（按，精：精心，专一。）

[长短不饰，以情自竭，若是则可谓直士矣。]

见《不苟》

译文：不隐瞒自己的优缺点，对实际情况从不掩饰，这样便可称为坦直的人了。（按，直士：正直坦率的人。）

[伯乐不可欺以马，而君子不可欺以人。]

见《君道》

译文：只有伯乐最了解什么样的马是骏马，只有道德高尚的人才知道什么样的人是君子。（按，欺：骗。）

[不全不粹不足以谓之美。]

见《乐论》

译文：艺术没有丰富性和典型性，就说不上是美的。

[笃志而体，君子也。]

见《修身》

译文：有坚定的意志，为事业孜孜奋斗的人，就叫做君子。（按，笃：固，坚定。体：履，实践，奋斗。）

［君子言有坛宇，行有防表，道有一隆。］

见《儒效》

译文：君子说话有界限。行为有标准，用心能专一。（按，坛宇：界限。防表：标准。一隆：专一。）

［弓矢不调，则羿不能中微；六马不和，则造父不能以致远。］

见《议兵》

译文：后羿虽然善射，没有好的弓箭也不能命中微小的目标；造父虽然善于驾车，马不听使唤也不能走到很远的地方去。

［不知戒，后必有，恨复遂过不肯悔，谗夫多进。］

见《成相》

译文：不知警惕，还要重犯错误；拒绝规劝，坚持错误，必然让坏人钻空子。（按，恨：同"很"，不听从。后：系"复"字之误，同"愎"，拒绝规劝。谗夫：说坏话的人，引申为坏人。）

［得众动天，美意延年。］

见《致士》

译文：取得大众的拥护就能干惊天动地的事业，心情舒畅可以延长寿命。（按，美意：乐意。延年：延长寿命。）

［登高而招，臂非加长也，而见者远；顺风而呼，声非加疾也，而闻者彰。］

见《劝学》

译文：站在高处向人招手，胳膊并未加长，而远处的人可以看见；顺着风对人呼喊，声音并没有更洪亮，但能使听者听得更清。（按，招：招手。疾：壮，指声音洪亮。彰：明，清楚。）

第十三章 《韩非子》导读

第一节 《韩非子》概说

"法家的产生应该上溯到子产",春秋之时,公元前536年,郑国子产铸刑书,将新定的法律条文铸在铁鼎上,公布于众。晋国的叔向反对说:"民知争端矣,将弃礼而征于书,锥刀之末,将尽争之。"并举夏商周为例。说这些王朝都是因为有乱政才作刑书的。子产回答他说:"吾以救世也。"(《左传·昭公六年》)

《汉书·艺文志》说:"法家者流,盖出于理官,信赏必罚;以辅礼制。"所列十家,二百一十七篇。其中《李子》三十二篇,今不传。《李子》是李悝(即李克,是子夏的学生)作的,他为魏文侯相,富国强兵。《史记·孟荀列传》和《汉书·食货志》记载,李悝为魏文侯作"尽地力之教"。以为"籴甚贵伤民,甚贱伤农"。"善为国者,使民毋伤而农益劝",创为平籴之法,在魏国实行。《晋书·刑法志》说"悝撰次诸国法,著《法经》"。《法经》即三十二篇之一部分(清孙星衍说)。

法家早期除李悝外,还有一个吴起,是曾子的学生,曾经做过魏西河守,曾对魏武侯说强国在于德政而不在于山河之险。他学的是儒家,其后转为法家,又是兵家。后相楚悼王,南平百越,北并陈蔡,却三晋,西伐秦,所战皆克。

韩非是法家的集大成者。韩非(约前280—前233),中国古代著名的哲学家、思想家、政论家和散文家,后世尊称他为"韩子"或"韩非子"。

韩非师从荀子，但思想观念却与其师大不相同，他没有继承儒家的思想，却"喜刑名法术之学"，继承并发展了法家思想，成为战国末年法家学派的集大成者。

　　法家认为历史是向前发展的，一切法律和制度都要随历史的发展而发展。所以，他们反对保守的复古思想，反对因循守旧，主张锐意改革。商鞅明确提出了"不法古，不循今"的主张；韩非则更进一步发展了商鞅的主张，提出"不期修古，不法常可"、"世异则事异"、"事异则备变"、"时移而治不易者乱"等主张。

　　韩非子之前，法家分为三派：一派以商鞅为首，强调"法"，即法律与规章制度；一派以慎到为首，强调"势"，即君主的权力与威势；一派以申不害为首，强调"术"，即君主驾驭群臣、掌握政权的政治权术。韩非子则认为法、势、术三者要紧密结合，"不可一无，皆帝王之具也"。

　　韩非子尖锐攻击儒、墨之道，重视法律，反对礼制，提出了以法治为中心的法、势、术相结合的思想，形成了较为完备的封建专制主义理论，对秦王朝的建立起到了十分关键的作用，并对后世历代封建王朝的治理都起到了一定的指导作用，"外儒内法"的统治术几乎成了各个王朝的通用法则，影响深远。

　　但是法家也有其不足之处，如迷信法律的作用，强调用重刑来治理国家，极力主张绝对的君主集权等。

　　韩非子的散文善于运用寓言、比喻等，锋芒犀利，说理精密，论辩透彻，对后世影响很大，尤其是对政论文的影响。《韩非子》一书中记载了大量脍炙人口的寓言故事，最著名的有"自相矛盾"、"守株待兔"、"讳疾忌医"、"滥竽充数"、"老马识途"等。这些生动的寓言故事，蕴含着深刻的哲理，达到了思想性和艺术性的完美统一，给人们以智慧的启迪，具有较高的文学价值。

第二节 《韩非子》原文选读

[是故诚有功则虽疏贱必赏,诚有过则虽近爱必诛。近爱必诛,则疏贱者不怠,而近爱者不骄也。]

见《主道》

译文:因此凡是确实有功的人,虽疏远微贱之辈也一定要给予奖赏;凡是确属犯了该杀的罪过的人,不管是亲近爱护的人,也一定杀掉。能这样办,疏远微贱的人就不会懈怠,亲近爱护的人不致骄横了。

[国无常强,无常弱。奉法者强则国强;奉法者弱则国弱。]

见《有度》

译文:国家没有永久强盛的,也不会有永久衰弱的。执法者强,国家就强盛;执法者弱,国家就衰弱。

[吏者,平法者也,治国者,不可失平也。]

见《外储说左下》

译文:官吏就是公正执行法律的人,治理国家的人不可以不公正。

[故吏者,民之本,纲者也。故圣人治吏不治民。]

见《外储说右下》

译文:因此,官吏是百姓的根本和纲常,所以明智的君主管教官吏而不管教百姓。

[不劲直,不能矫奸。]

见《孤愤》

译文:自己不正直的话,就不能去纠正别人的奸邪行为。(按,劲:坚强有力。)

[不蹪于山,而蹪于垤。]

见《六反》

译文：人们不会在经过山岭时跌倒,却总是在过小土堆时跌倒。(按,蹶:跌倒。垤:小土堆。)

[举事有道,记其入多,其出少者,可为也。]

见《南面》

译文：做事情要有一定的原则,凡是收益多付出少的事情就可以办。(按,道:原则。)

[是故力多则人朝,力寡则朝于人,故明君务力。]

见《显学》

译文：力量强大,别人就来朝见,力量弱小,就要去朝见别人,所以圣明的君主就致力于增强自己的实力。

[上用目,则下饰观;上用耳,则下饰声;上用虑,则下繁辞。]

见《有度》

译文：国君用眼睛看,臣下就会粉饰外观;国君用耳朵听,臣下就说好听的话;国君动用脑筋来思考,臣下就用繁多言辞来附会。(按,繁辞:繁多的言辞。)

[以有余补不足,以长续短之谓明主。]

见《观行》

译文：用剩余的弥补不足的,用长的来接续短的,这可以叫英明的君主。

[去好去恶,群臣见素。]

见《二柄》

译文：不表现出自己的爱好来也不表现出自己的厌恶来,群臣就会显现出自己的真面目来。(按,素:本来的。)

[故左右为社鼠,用事者为猛狗,则术不行矣。]

见《外储说右上》

译文：因此，左右侍奉的人像社鼠，掌握大权的像猛狗，那么治国之方就无法施行了。

[善张网者引其纲。]

见《外储说右下》

译文：善于撒网捕鱼的人总是拉着网的主绳撒网的。（按，引：拉着。纲：网的主绳。）

[千丈之堤，以蝼蚁之穴溃。]

见《喻老》

译文：长达千丈的大堤，由于小小的蚁穴而崩溃。

[火形严，故人鲜灼；水形懦，故人多溺。]

见《内储说上七术》

译文：火的形态很猛烈，因而人被烧伤的很少；水的形态很柔弱，因而人被淹死的很多。（按，严：猛烈。鲜：稀少。灼：烧伤。）

[计功而行赏，程能而授事。]

见《八说》

译文：计算功劳的大小来行赏，衡量才干的高低来授职。（按，计：计算。程：衡量。）

[家有常业，虽饥不饿；国有常法，虽危不亡。]

见《饰邪》

译文：家中有固定的产业，即使赶上灾荒也不怕挨饿；国家有固定的法令，即使有危机也亡不了。

[见微以知萌，见端以知末。]

见《说林上》

译文：察觉到了事物隐微的征兆，就知道它昭显之后的情形；看到事情的开始就知道它的结局。（按，微：隐微。萌：发生。）

[安危在是非，不在于强弱。]

见《安危》

译文：安全还是危险，不决定于你是强大还是弱小，而决定于你的行为是否正义。

[夫冰炭不同器而久，寒暑不兼时而至。]

见《显学》

译文：冰和炭不能长时间放在同一个容器里，寒和暑不能同时来到。

[是以明主不怀爱而听，不留说而计。]

见《八经》

译文：因此，英明的君主不能怀着偏爱去听取意见，不凭自己的兴趣去计划事情。（按说：同"悦"。）

[夫不可陷之盾与无不陷之矛，不可同世而立。]

见《难一》

译文：不能穿透的盾和无所不能穿透的矛不可以同时成立。

[不塞隙穴，而劳力于赭垩，暴雨疾风必坏。]

见《用人》

译文：墙的隙穴不首先堵住，仅仅追求它漂亮美观，而给它涂饰红白的土浆，结果一点也不顶用，一旦暴风疾雨来了，就要倒塌了。（按，赭：赤土。垩：白土。"赭垩"也作动词用，即涂之意。）

[不听其言也，则无术者不知；不任其身也，则不肖者不知。]

见《六反》

译文：不亲耳听听他的言论，就不知道他是否有谋略；不让他干一干，就分辨不出他的好坏。

[法与时转则治，治与世宜则有功。]

见《心度》

译文：法令跟随时势的变化而改变，国家就可得到治理；治理的方法和社会需要相适宜，就会产生良好的作用。（按，转：转变。宜：适宜。）

[不肖用事而贤良伏，无功贵而劳苦贱。如是则下怨，下怨者

可亡也。]

见《亡征》

译文：无才德的人得到重用，而德才兼备的人却被埋没；无功劳的人显贵，而劳苦的人却被轻视。这样下面就会怨恨，这是国家败亡的原因。

[独视者谓明，独听者谓聪。]

见《外储说右上》

译文：见到事物能独立判断是或非，这叫做眼光明亮；听了事情能独立判断错或对这叫做耳朵灵敏。

[凡说之难，在知所说之心，可以吾说当之。]

见《说难》

译文：谏说的难处，就在于能了解所谏说的对象的心理，可以用我的言论，针对他的心理去说服他。（按，说：谏说。当：适当。）

[刺骨，故小痛在体，而长利在身；拂耳，故小逆在心，而久福在国。]

见《安危》

译文：用针刺骨，虽使肌肤有轻度疼痛，却能治病健身；忠言逆耳，听起来虽然不舒服，却可以造福于国家。（按，刺骨：古代中医治病的手术。拂耳：逆言，刺耳朵之言。）

[观听不参，则诚不闻。]

见《内储说上》

译文：只偏听偏信一人的意见，不与别人商量，就听不到真诚的话。

[官职可以重求，爵禄可以货得者，可亡也。]

见《亡征》

译文：可以用权势求得官职，用贿赂得到爵位，这是国家灭亡的征兆。

[德则无德，不德则在有德。]

见《解老》

译文： 自以为有德就是无德的表现，不自以为有德却真正是有德。

［公婿公孙，与民同门，暴傲其邻者，可亡也。］

见《亡征》

译文： 当权者的亲戚欺负、侮慢邻里，也是垮台的征兆。

［功当其事，事当其言，则赏。功不当其事，事不当其言，则罚。］

见《二柄》

译文： 功效和职事相符合，职事和他的言论主张相符合，就赏；否则，就罚。

［宫有垩，器有涤，则洁矣。行身亦然，无涤垩之地，则寡非矣。］

见《韩非子·说林下》

译文： 屋子的墙，要用白灰粉刷，器皿要经常洗涤，就会明洁。人的行为也是这样，到了没有值得清洗的地步，就少有缺点了。

［国家必有文武，官治必有赏罚。］

见《解老》

译文： 国家一定要有文有武，治理政事一定要有赏有罚。

［国小而家大，权轻而臣重者，可亡也。］

见《亡征》

译文： 地方势力大于中央，下级的权力大于上面的，就会灭亡。

［过而不悛，亡之本也。］

见《难四》

译文： 有过错而不改正，这是亡国的根源。（按，悛：悔改。）

［长袖善舞，多钱善贾。］

见《五蠹》

译文： 袖子长有利于舞蹈，钱财多有利于经营。

第十四章 《孙子兵法》导读

第一节 《孙子兵法》概说

兵家是先秦、汉初研究军事理论、从事军事活动的学派,诸子百家之一。《汉书·艺文志·兵书略》将兵家分为四类,分别是兵权谋家、兵形势家、兵阴阳家和兵技巧家,并云:"凡兵书五十三家,七百九十篇,图四十三卷。……兵家者,盖出古司马之职,王宫之武备也。《洪范》八政,八曰师。孔子曰为国者'足食足兵','以不教民战,是谓弃之',明兵之重也。《易》曰'古者弦木为弧,剡木为矢,弧矢之利,以威天下',其用上矣。后世耀金为刃,割革为甲,器械甚备。下及汤、武受命,以师克乱而济百姓,动之以仁义,行之以礼让;《司马法》是其遗事也。自春秋至于战国,出奇设伏,变诈之兵并作。汉兴,张良、韩信序次兵法,凡百八十二家,删取要用,定著三十五家,诸吕用事而盗取之。武帝时,军政杨朴捃摭遗逸,纪奏兵录,犹未能备。至于孝成,命任宏论次兵书为四种。"(按,捃摭:拾取,收集。)

《汉书·艺文志·兵书略》的介绍对我们了解兵家很有帮助。

兵家的代表人物有春秋末期的孙武、司马穰苴;战国时期的孙膑、吴起、尉缭、魏无忌、赵奢、白起;汉初的张良、韩信等。流传下来的兵家著作有:《黄帝阴符经》《六韬》《三略》《司马法》《孙子兵法》《孙膑兵法》《吴子》《尉缭子》《唐太宗李卫公问对》等。

兵家各种著作中的观点虽有异同,但大多含有朴素的唯物论和辩证法思想，为后世留下了宝贵的军事思想遗产，并对现代商业及社会管理等其他领域也产生了较为重要的影响。

在此我们重点介绍《孙子兵法》，其作者是春秋末期军事家孙武。孙武字长卿，齐国乐安（今山东广饶）人。他自幼喜研兵法，颇有心得。他18岁时，因齐国内乱不止，深感无用武之地，便离开齐国而到了吴国。孙武晋见了吴王，并呈上所著兵书十三篇。吴王看后，赞不绝口，这便是《孙子兵法》。吴王任命孙武为将军，自此以后，孙武与伍子胥共同辅佐吴王安邦治国，发展军事，使吴国声威大振，成为春秋五霸之一。

对于孙武的历史功绩，司马迁在《史记·孙子吴起列传》中写道："西破强楚，人郢，北威齐、晋，显名诸侯，孙子与有力焉。"可见司马迁对他推崇之高。

因孙武对兵家学派的重要贡献，后人尊称他为"孙子"、"孙武子"、"兵圣"、"百世兵家之师"、"东方兵学鼻祖"等，可见他在这个学派中的重要地位。

《孙子兵法》一书中特别值得重视的是他对战争的系统观点和战争决策的系统分析。系统论出现于第二次世界大战后，两千多年前的孙武自然不可能在那时提出如同现在的系统论，但它却具备了系统论思想的两个最根本特点：把对象放在系统中研究，注重对象间的关系和发展变化。

纵观《孙子兵法》全书，可以认为孙武正是从战争与政治、经济、外交的整体关系上来研究战争的。首先把"主孰有道"放在七计之首，并认为："修道而保法，故能为胜败之政。"（《军形篇》）这就明确地提出了战争与政治的关系。其次，孙武认为："……日费千金，则十万师举矣。"（《作战篇》）这明确地提出了战争与经济的关系。为了避免造成国家财务的消费和加重人民的负担，孙武提出了"兵贵胜，不贵久"的速胜思想和"因粮于敌"的原则。孙武不仅提出了如"上兵伐谋，其次伐交"（《谋攻篇》）等一系列的外交手段，还具体地论述了外交如何作用于战争——配合战争行动而取得胜利等问题。孙武此种运用外交为战争服务的观点，在他以后几个世纪直至近代都起到了极大的作用。

孙武在《始计篇》中指出："故经之以五事，较之以计，而索其情。"

他指出要从道、天、地、将、法五个方面分析研究，比较敌对方的各种条件，以控制和预测战争的胜负。在这个五个系统中，"道"与"法"是属于政治范畴，是国家政治制度对战争的具体影响的体制。"天"、"地"是战争的自然条件，在《九地篇》《军事篇》等中，孙武具体地论述了"天"、"地"因素对战争的影响，并得出了"知天知地，胜乃可全"（《地形篇》）的结论。孙武认为战争脱离不了天时、地利、人和等条件的制约，如果事先没有周到细致的调查研究，就不能作出正确判断，就会严重地影响战争时机的选择，影响战略布局和兵力部署。"将"是属于人的因素。人是战争的决定因素，因此，孙武除了严格要求"为将重德，五德皆备"外，还要求他严格地训练士兵。孙武在《军事》篇中强调士气，在《九地》篇中强调人和，充分肯定了运用战争这个系统的主体——将帅和士兵们的态度、观念、信念、动机、习惯和期望等，对维持战争这个人为的系统所起着的重要作用。

孙武构造了一个"经五事"、"较七计"的系统模型。所谓"五事"，即"道"、"天"、"地"、"将"、"法"，"七计"是依据"五事"推出来的，在意义上有相同的措施。孙武认为"吾以此观之，知胜负也"（《始计篇》）。在当时，"五事"、"七计"基本上概括了交战双方主观客观等直接影响战争的因素。因此，可以将"五事"看作是孙武军事决策系统模型中的五个子系统或五个要素。

孙武把决定战争胜负的各种因素概括为"五事"，并依据"五事"推出"七计"，再根据"五事"、"七计"进行"算筹"，认为"多算胜，不算不胜"。孙武在《军形篇》中说："兵法：一曰度，二曰量，三曰数，四曰称，五曰胜。地生度，度生量，量生数，数生称，称生胜。"这表明孙武是从战争内部规律着眼进行定量分析的，对当代战争仍然有很大的启发作用。

第二节 《孙子兵法》原文选读

［兵者，国之大事，死生之地，存亡之道，不可不察也。］

见《始计》

译文：战争是一个国家的头等大事。关系到军民的生死，国家的存亡，不能不慎重周密地观察、分析、研究。（按，此讲军事的重要性。）

［故经之以五事，校之以计，而索其情：一曰道，二曰天，三曰地，四曰将，五曰法。道者，令民与上同意也……天者，阴阳、寒暑、时制也。地者，远近、险易、广狭、死生也。将者，智、信、仁、勇、严也。法者，曲制、官道、主用也。］

见《始计》

译文：因而研究军事作战的五项要素，校量计算敌我双方之实际情形，探求敌我双方之有利与不利等胜败因素。一为道，二为天，三为地，四为将，五为法。这里所谓道，即用兵之道，在于施恩信于民（军），使民（军）与领导同心同德，乐于从军，勇于作战，不怕牺牲，敢于胜利。所谓天，即因应自然季节寒暑、雾霾、冰冻、风雨、旱涝等变化而因时利用。所谓地，是指地形、地势、河流、道路的远近、曲直、山隘、关寨、谷口的宽狭、险易等条件，知地形及远近，便能作迂回之计；知险易，则可计步骑之利；知广狭，则能度众寡之用；知生死之势，则能识胜败之机。所谓将，要求具备智慧、信誉（刑赏分明）、仁（爱兵、惜物）、勇敢（决胜乘势，不误战机）、严（肃齐众心）五种品德。所谓法，包括部曲（编制）行军法令、各级官佐统辖关系及职责、给养、后勤、军需物资供应等。

［故兵贵胜，不贵久。故知兵之将，民之司命，国家安危之主也。］

见《作战》

译文：作战最重要、最有利的是速胜，最不宜的是旷日持久。真正懂得用兵之道、深知用兵利害的将帅，掌握着民众的生死，主宰着国家的安危。（按，此讲作战以速胜为宜，忌旷日持久。）

[凡用兵之法，全国为上，破国次之；全军为上，破军次之；全旅为上，破旅次之；全卒为上，破卒次之；全伍为上，破伍次之。]

见《谋攻》

译文：战争的原则是：使敌人举国降服是上策，用武力击破敌国则次一等；使敌人全军降服是上策，击败敌军则次一等；使敌人全旅降服是上策，击破敌旅则次一等；使敌人全卒降服是上策，击破敌卒则次一等；使敌人全伍降服是上策，击破敌伍则次一等。

[百战百胜，非善之善者也；不战而屈人之兵，善之善者也。]

见《谋攻》

译文：百战百胜，算不上是最高明的；不通过交战就降服全体敌人，才是最高明的。

[故知胜有五：知可以战与不可以战者胜、识众寡之用者胜、上下同欲者胜、以虞待不虞者胜、将能而君不御者胜。]

见《谋攻》

译文：预见胜利有五个方面：能准确判断仗能打或不能打的，胜；知道根据敌我双方兵力的多少采取对策的，胜；全国上下，全军上下，意愿一致、同心协力的，胜；以有充分准备来对付毫无准备的，胜；主将精通军事、精于权变，君主又不加干预的，胜。

[知彼知己，百战不殆；不知彼而知己，一胜一负；不知彼不知己，每战必殆。]

见《谋攻》

译文：了解敌方也了解自己，每一次战斗都不会有危险；不了解对方但了解自己，胜负的几率各半；既不了解对方又不了解自己，那就会每战必败。

［胜可知，而不可为。不可胜者，守也；可胜者，攻也。守则不足，攻则有余。善守者藏于九地之下，善攻者动于九天之上，故能自保而全胜也。］

见《军形》

译文：胜利可以预见，却不能强求。敌人无可乘之机，不能被战胜，且以防守待之；敌人有可乘之机，能够被战胜，则出奇攻而取之。防守是因为我方兵力不足，进攻是因为兵力超过对方。善于防守的，隐藏自己的兵力如同在深不可测的地下；善于进攻的部队就像从天而降，敌不及防。这样，才能保全自己而获得全胜。

［激水之疾，至于漂石者，势也；鸷鸟之疾，至于毁折者，节也。］

见《兵势》

译文：湍急的流水所以能漂动大石，是因为它产生了巨大冲击力的势能；猛禽搏击雀鸟，一举可置对手于死地，是因为它掌握了最有利于爆发冲击力的时空位置，节奏迅猛。

［善战者，其势险，其节短。势如弓弘弩，节如机发。］

见《兵势》

译文：善于作战的指挥者，他所造成的态势是险峻的，进攻的节奏是短促有力的。"势险"就如同满弓待发的弩那样蓄势，"节短"正如拨动弩机那样突然。（按，弓弘，音阔，拉满弓。）

［故善战者，致人而不致于人。能使敌人自至者，利之也；能使敌人不得至者，害之也。］

见《虚实》

译文：善战者调动敌人而绝不为敌人所调动。能够调动敌人使之自动前来我预想的战场，是用利益来引诱；能使敌人不能先我来到战场，是设置障碍、多方阻挠的结果。

[凡用兵之法，将受命于君，合军聚众。圮地无舍，衢地合交，绝地无留，围地则谋，死地则战。涂有所不由，军有所不击，城有所不攻，地有所不争，君命有所不受。]

见《九变》

译文：用兵的原则，将接受国君的命令，召集人马组建军队。在难于通行之地不要驻扎，在四通八达的交通要道要与四邻结交，在难以生存的地区不要停留，要赶快通过，在四周有险阻容易被包围的地区要精于谋划，误入死地则须坚决作战。有的道路不要走，有些敌军不要攻，有些城池不要攻占，有些地域不要争，君主的某些命令也可以不接受。（按，涂：同"途"，道路。）

[用兵之法，无恃其不来，恃吾有以待也；无恃其不攻，恃吾有所不可攻也。]

见《九变》

译文：用兵的原则是：不抱敌人不会来的侥幸心理，而要依靠我方有充分准备，严阵以待；不抱敌人不会攻击的侥幸心理，而要依靠我方坚不可摧的防御，不会被战胜。

[投之亡地然后存，陷之死地然后生。夫众陷于害，然后能为胜败。]

见《九地》

译文：将士卒置于危地，才能转危为安；使士卒陷于死地，才能起死回生。军队深陷绝境，然后才能赢得胜利。

[是故始如处女，敌人开户；后如脱兔，敌不及拒。]

见《九地》

译文：因此，战争开始之前要像处女那样显得沉静柔弱，诱使敌人放松戒备；战斗展开之后，则要像脱逃的野兔一样行动迅速，使敌人措手不及，无从抵抗。（按，开户：放松戒备。）

[主不可以怒而兴师，将不可以愠而致战。合于利而动，不合于利而止。怒可以复喜，愠可以复悦，亡国不可以复存，死者不可以复生。]

见《火攻》

译文：国君不可因一时愤怒而发动战争，将帅不可因一时的气愤而出阵求战。符合国家利益才用兵，不符合国家利益就停止。愤怒还可以重新变为欢喜，气愤也可以重新转为高兴，但是国家灭亡了就不能复存，人死了也不能再生。（按，此讲须以大局为重，不可意气用事。）

[先知者，不可取于鬼神，不可象于事，不可验于度，必取于人，知敌之情者也。]

见《用间》

译文：要事先了解敌情，不可求神问鬼，也不可用相似的现象作类比推测，不可用日月星辰运行的位置去验证，一定要取之于人，从那些熟悉敌情的人的口中去获取情报。（按，此讲军事是一门科学，一定要摒弃一切迷信和虚妄的思想，要重视调查研究。）

第十五章 《吕氏春秋》导读

第一节 《吕氏春秋》概说

杂家是战国末年至西汉早期一个博采各派思想学说而成的独立体系的学派，其特点是兼儒墨，合名法，于百家之道无不贯综。《汉书·艺文志》列杂家为九流之一，大体上反映了封建大一统国家建立过程中文化融合的趋势，简单说凡是有系统、有宗旨、成专门学术的，可称之为家，所谓杂家，就是杂采诸家之言而成。虽杂采诸家，实以儒、道二家为主。

《吕氏春秋》是杂家的一部代表之作。

《史记·吕不韦列传》说："是时，诸侯多辩士，如荀卿之徒，著书布天下。吕不韦乃使其客人各著所闻，集论以为八览，六论，十二纪，共一百六十篇，二十余万言。以为备天地古今之事，号曰《吕氏春秋》。布咸阳市门，悬千金其上，延诸侯游士宾客有能增损一字者予千金。"议论中引证许多古史，旧文和有关天文、历数、音律等方面知识。为秦王统一天下治理国家提供思想依据。有东汉高诱注本和清毕源《吕氏春秋新校》等书可供参考。

后来又有《淮南子》，也是杂家之作。

《汉志》有《淮南内二十一篇》《淮南外三十三篇》，颜师古曰："内篇论道，外篇杂说。"

《汉书·淮南王安传》云："淮南王安为人好书，鼓琴。……招致宾客方术之士数千人，作为内书二十一篇，外书甚众，又有中篇八卷，言神仙黄白之术，亦二十余万言。"

现存的《淮南子》即内书二十一篇，其他均已佚去。高诱为之注，他以为此书原名为《鸿烈》，"鸿，大也；烈，明也；以为大明道之言也"。

这部书是在中国统一的时候著的，但刘安及其左右，以为各家都有所长，不可专宗一家。因之此书兼有各家之长，而以道家思想为主。

高诱注《淮南》，许慎亦注《淮南》。许注今不存。商务印书馆有刘文典的《淮南鸿烈集解》，胡适曾为之作序，颇受读者赞许。

第二节 《吕氏春秋》原文选读

[凡论人，通则观其所礼，贵则观其所进，富则观其所养，听则观其所行，止则观其所好，习则观其所言，穷则观其所不受，贱则观其所不为。喜之以验其守，乐之以验其僻，怒之以验其节，惧之以验其特，哀之以验其人，苦之以验其志。八观六验，此贤主之所以论人也。论人者，又必以六戚四隐。何谓六戚？父母兄弟妻子。何谓四隐？交友故旧邑里门郭。内则用六戚四隐，外则用八观六验，人之情伪贪鄙美恶无所失矣。]

见《论人》

译文：评论人物，若他是处于顺利，要看他礼遇什么人，若他位高权重，要看他是否引荐贤才，若富有，则看他把钱用于何处，若能听意见则要看其行动，日常看他爱好什么，他喜欢讲哪样的话，若贫穷则看他是否有所不受，若微贱则看他能否有所不为。用喜庆的事情考验他的操守，用欢乐之事考验他的癖好，以令人怒的事考验其自控力，以令人恐惧的事情考验其勇气，用悲哀的事情考验其为人，用艰苦的事情考验其志向是否坚定。以上八看六考验是英明领导论人之法。全面论人，还要看他如何处理六戚四隐的关系，六戚是父母兄弟妻子，四隐是朋友老同事同乡熟人。内看他处理六戚四隐的态度，外用八看六考验，人的品质真相、善恶美丑就可以看得一清二楚了。

[良马，期乎千里。]

见《察今》

译文：对好马的要求在于日行千里。

[种麦而得麦，种稷而得稷。]

见《用民》

译文：种麦子，收获的就是麦子；种谷子，收获的就是谷子。

[全则必缺，极则必反，盈则必亏。]

见《博志》

译文：太全了就一定有缺失；事物发展到了顶点，就会向相反的方面转化；事物太圆满了，必然走向缺损。（按，极：顶点。反：向反面转化。）

[万民之主，不阿一人。]

见《贵公》

译文：万民的君主不应该偏袒、庇护某一个人。（按，比喻要公平对待每一个人。阿：庇护。）

[病万变，药亦万变。]

见《察今》

译文：疾病千变万化，使用的药物也要千变万化。

[败莫大于不自知。]

见《自知》

译文：人最大的失败在于没有自知之明。

[以众者，此君人之大宝也。]

见《用众》

译文：依靠群众，这是治理国家的人的最重要的方法。

[察己则可以知人，察今则可以知古。]

见《察今》

译文：明察自己就可以了解别人，明察现在就可以了解过去。

[百官各处其职，治其事以待主，主无不安矣。以此治国，国无不利矣；以此备患，患无由至矣。]

见《圆道》

译文：官员们都各司其职做好自己分内的事情，以此对待君主。君主就安心了。以此治理国家，国家就会富强；以此防备灾祸，灾祸就不会降临。

[东面望者不见西墙，南乡视者不睹北方，意有所在也。]

见《去尤》

译文：向东面看的见不到西面的墙，向南面看的望不见北方，这是因为心意有所集中啊。（按，睹：看见。）

[不知理义，生于不学。]

见《劝学》

译文：不懂得义理，根源在于不学习。

[不知而自以为知，百祸之宗也。]

见《谨听》

译文：不知道却自以为知道，这是各种祸患的根源。

[败莫大于愚，愚之患，在必自用。]

见《士容》

译文：没有什么失败比愚蠢造成的失败更厉害的，因为愚蠢造成的灾祸，一定是因为自以为是。

[辨而不当理则伪，知而不当理则诈。]

见《离谓》

译文：明察而不在理就近乎取巧，聪明而不在理就近乎骗人。（按，辨：明察。伪：伪装。）

［尝一脟肉而知一镬之味，一鼎之调。］

见《察今》

译文：品尝一块肉就知道了一整锅肉的味道，进而知道一鼎肉的味道是否调和。（按，脟：同"脔"，切成小块的肉。镬：古代的一种大锅。）

［得十良马，不若得一伯乐；得十良剑，不若得一欧冶。］

见《赞能》

译文：得到十匹好马，也不如得到一个懂得相马的伯乐；得到十把好剑，也不如得到一位懂得铸剑的欧冶子。（按，欧冶子：春秋时期越国人，我国铸剑鼻祖。）

［欲胜人者必先自胜，欲论人者必先自论，欲知人者必先自知。］

见《先己》

译文：想战胜别人必须首先战胜自己，想评论别人必须首先评论自己，想了解别人必须先了解自己。

［尺之木必有节目，寸之玉必有瑕璃。］

见《举难》

译文：尺长的木头必有节眼，一寸大的玉块必有斑纹。（按，璃：瑕也。）

［善学者，假人之长以补其短。］

见《用众》

译文：善于学习的人，能够取他人之长来补自己之短。（按，假：借助。）

［苟虑害人，人亦必虑害之；苟虑危人，人亦必虑危之。］

见《顺说》

译文：如果想着伤害别人，别人一定也会想着伤害你；如果想着危害别人，那么别人也一定想着危害你。

[辞多类非而是，多类是而非。是非之经，不可不分。]

见《察传》

译文：有的话像是错的，而实际是却是对的；有的话像是对的，但实际却是错的。正确与错误的界限，不能不分清楚。（按，类：相似。经：理。分：明，弄清楚。）

[得时之禾，长秱长穗。]

见《审时》

译文：庄稼播种耕耘及时，就会有收获。（按，比喻做事得其时，就会事半功倍。）

[良工之与马也，相得则然后成。]

见《吕氏春秋·知士》

译文：善于赶马驾车的人和好马是相辅相成的。赶车人技艺再高，若无好马，马也不会跑得快；纵有好马，但没有好的赶马人，它也无法发挥能力。

[良剑期乎断，不期乎镆邪。]

见《察今》

译文：好剑在于它的锋利，在于它能否割断东西，并不在于它是否名叫"镆邪"。（按，镆邪：我国古代名剑。此言判断事物须根据它的基本价值，而不在于它的名声。）

第十六章 《国语》导读

第一节 《国语》概说

《国语》是我国现存最早的一部国别体史书,旧传为春秋时左丘明所撰,现一般认为是先秦史家将当时周王室和各诸侯国的史料经过整理加工汇编而成。因其内容可与《左传》相参证,故此有《春秋外传》之称。

《国语》全书二十一卷,分《周语》《鲁语》《齐语》《晋语》《郑语》《楚语》《吴语》《越语》八个部分,上起周穆王西征犬戎(约前947),下至智伯被灭(前453),以记述西周末年至春秋时期各个诸侯国贵族言论为主,包括各国贵族之间朝聘、宴飨、讽谏、辩说、应对之辞以及部分历史事件与传说。

《国语》体现了较为进步的政治观与伦理倾向,弘扬德的精神,尊崇礼的规范,认为礼是治国之本;反对专制和腐败,重视民意,重视人才,具有较为浓厚的民本思想;同时,《国语》非常突出忠君的思想。

《国语》记录了春秋时期的政治、经济、军事、外交、教育、法律、婚姻等各方面的内容,对研究先秦时期的历史具有重要作用。

在文学方面,《国语》也取得了一定成就,如善于虚构,有的情节曲折、生动,极富戏剧性;《国语》还有通俗化、口语化的特点,对后世文学有一定影响。

第二节 《国语》原文选读

[厉王虐[1]，国人谤王[2]。召公告曰[3]："民不堪命矣！"王怒，得卫巫[4]，使监谤者，以告，则杀之。国人莫敢言，道路以目。王喜，告召公曰："吾能弭谤矣[5]，乃不敢言。"

召公曰："是障之也。防民之口，甚于防川。川壅而溃，伤人必多，民亦如之。是故为川者决之使导，为民者宣之使言。故天子听政，使公卿至于列士献诗[6]，瞽献典[7]，史献书[8]，师箴[9]，瞍赋[10]，矇诵[11]，百工谏[12]，庶人传语，近臣尽规，亲戚补察，瞽史教诲，耆艾脩之[13]，而后王斟酌焉，是以事行而不悖。民之有口也，犹土之有山川也，财用于是乎出；犹其有原隰衍沃也[14]，衣食于是乎生。口之宣言也，善败于是乎兴。行善而备败，所以阜财用衣食者也[15]。夫民虑之于心而宣之于口，成而行之，胡可壅也？若壅其口，其与能几何？"

王弗听，于是国人莫敢出言。三年，乃流王于彘[16]。]

见《周语（上）·召公谏厉王止谤》

注释：

[1] 厉王：周王朝第十代天子，名胡。

[2] 国人：包括王都六乡之民，有未执政的贵族及城市的工商业者。

[3] 召公：周王室的卿士，姓姬，名虎，谥号穆公。

[4] 卫巫：卫国巫师。

[5] 弭：禁止。

[6] 公卿：执掌权力的上层贵族，三公九卿。列士：各署衙中的办事官员，地位在大夫之下。

[7] 瞽：盲人，这里指乐师。

[8] 史：史官。

[9] 师：少师，九卿之一。

[10] 瞍（sǒu）：没有瞳仁的瞎子。

[11] 矇（méng）：有瞳仁而看不见的瞎子。

[12] 百工：管理各种工匠的官。

[13] 耆艾：寿高德重的人，指国家元老重臣。

[14] 隰（xí）：低下潮湿之地。

[15] 阜：增多。

[16] 彘（zhì）：地名，在晋国境内，故地在今山西霍县。

译文： 周厉王十分残暴，国人都指责他。召公告诉他说："人民已不能忍受你的政令！"厉王大怒，找到一个卫国的巫师，叫他监察指责自己的人，一有告发，便遭杀戮。国人再没有敢议论的，而在路上相遇，也只有用目光来示意。厉王大喜，告诉召公说："我能消除臣民的指责，现在他们竟不敢说话了。"

召公说："这是堵住他们的口。堵塞民众的口，危害甚于堵塞河川。河川壅塞而溃决，伤害的人一定很多，堵塞民口的危害也是这样。所以，治水的人应该排除淤塞，让它畅通；治理民众的人应该开导他们，让他们讲出意见。所以，天子处理政事时，命令从公卿到列士献上讽谏的诗篇，乐官献上民间的歌谣，史官献上记录古代政治得失的史籍，少师献上劝谏的格言，让瞍歌唱公卿列士所献的诗，让矇吟诵管理各种工匠的百工对天子的意见，平民把对政事的意见传给天子，让左右的臣子尽心规劝，令宗室姻亲之臣察补政事的失误，使乐官和太史提供教诲，让元老重臣对各种问题加以归纳整理，提出意见，最后由天子斟酌，因此，政事畅通无阻，不悖情理。人民有嘴，犹如大地上有山川，财富由此而出；又好像那农田有沟渠，衣食由此而生。人民口中发表意见，政事的好坏方能反映出来。国家实行好的政令，对不好的加以防范，以此增用衣食。人民心里考虑，而后口中议论，正确的就实行它，怎么可以堵塞民口呢？如果堵塞他们的口，又能维持多久呢？"

厉王不听，从此，国人没有一个敢有所议论。三年之后，厉王被放逐到了崀地。

[宣公夏滥于泗渊[1]。里革断其罟而弃之[2]，曰："古者大寒降[3]，土蛰发，水虞于是乎讲罛罶[4]，取名鱼，登川禽[5]而尝之寝庙，行诸国，助宣气也。鸟兽孕，水虫成，兽虞于是乎禁罝罗[6]，矠鱼鳖[7]，以为夏槁助生阜也。鸟兽成，水虫孕，水虞于是乎禁罜䍡[8]；设阱鄂[9]，以实庙庖，畜功用也。且夫山不槎蘖[10]，泽不伐夭，鱼禁鲲鲕[11]，兽长麑䴠[12]，鸟翼鷇卵[13]，虫舍蚳蝝[14]，蕃庶物也，古之训也。今鱼方别孕，不教鱼长，又行网罟，贪无艺也！"[15]

公闻之，曰："吾过而里革匡我，不亦善乎！是良罟也，为我得法。使有司藏之，使吾无忘谂。"[16]

师存侍曰："藏罟不如置里革于侧之不忘也。"]

见《鲁语（上）·里革断罟匡君》

注释：

[1] 滥：沉浸。泗：水名，发源于山东蒙山南麓。

[2] 里革：鲁国太史。罟（gǔ）：网。

[3] 大寒降：大寒以后。

[4] 水虞：官名，掌川泽禁令。讲：通"构"，整理布没之意。罛（gū）：网大鱼网。罶（liǔ）：捕鱼用具。

[5] 川禽：鳖蜃一类水产。

[6] 兽虞：官名，掌鸟兽禁令。罝（jū）：捕兽的网。

[7] 矠（cuò）：刺取。

[8] 罜䍡（lù）：网小鱼网。"罜"当作"罜"（zhǔ）。

[9] 鄂：捕兽器具。

[10] 槎（chá）：用刀斧砍。

[11] 鲲鲕（ér）：小鱼苗。

[12] 麑（ní）：幼鹿。䴠（yǎo）：幼驼鹿。

[13] 鷇（kòu）：雏鸟。

[14] 蚳（chī）：蚁卵。蝝（yuán）：未生翅的蝗子。

[15] 艺：极，限度。

[16] 谂（shěn）：规劝。

译文： 鲁宣公夏天把渔网张在泗水的深处捕鱼，里革割断他的网后扔掉，说："在古代大寒以后，蛰伏在土里的昆虫开始苏醒时，捕捉大鱼，捞取甲鱼、大蛤蜊等，献为祭品，供宗庙祭祀，并让国人照此捕捞祭祖。这是帮助阳气宣泄运行。春天，鸟兽怀孕而鱼类却已长成时，掌管鸟兽禁令的官就要禁止网罗鸟兽，但可以用叉子叉鱼，做成夏天吃的鱼干。这是为了帮助鸟兽生育繁殖。夏天，鸟兽长大了，而鱼类却交尾产子，掌江河禁令的水虞在这时就要禁止下网，小网也不行；却准许设陷阱，用器具捕捉鸟兽，用以供给宗庙祭祀，丰富臣民庖厨。这是为了保护并储备鱼类。并且山上不能砍掉新生的嫩枝，水泽不能割没长成的草，鱼类禁捕鱼子，兽类要让小鹿、小麂长大，鸟类要保护鸟孵的卵，虫类不要取蚁卵和蝗子制食品。这一切是为了使万物繁衍生长，这是古人的训导。现在，鱼类正待交尾产子，您不让鱼繁殖生长，反而下网捕鱼，实在贪得无厌！"

宣公听了这番话，说："我有过错，而里革纠正了我，不是很好吗？这网好啊，使我懂得了生物繁衍和渔猎之法，让有关的官吏将它保藏起来，使我不忘记里革的劝告。"

一个叫存的乐师正侍立在旁，说："保藏这网，不如把里革置于您身边，这样，更加不会忘记啊！"

[公父文伯退朝[1]，朝其母，其母方绩。文伯曰："以歜之家，而主犹绩，惧忏季孙之怒也[2]，其以歜为不能事主乎？"其母叹曰："鲁其亡乎。使僮子备官，而未之闻邪？居！吾语女。昔圣王之处民也，择瘠土而处之，劳其民而用之，故长王天下。夫民劳则思，思则善心生；逸则淫，淫则忘善，忘善则恶心生。沃土之民不材，淫也；瘠土之民，莫不向义，劳也。是故天子大采朝

日[3]，与三公、九卿祖识地德[4]，日中考政，与百官之政事，师尹惟旅、牧、相宣序民事[5]；少采夕月[6]，与太史、司载纠虔天刑[7]；日入监九御，使洁奉禘、郊之粢盛，而后即安。诸侯朝修天子之业命，昼考其国职，夕省其典刑，夜儆百工，使无慆淫[8]，而后即安。卿大夫朝考其职，昼讲其庶政，夕序其业，夜庀其家事[9]，而后即安。士朝受业，昼而讲贯，夕而习复，夜而计过无憾，而后即安。自庶人以下，明而动，晦而休，无日以怠。王后亲织玄紞[10]，公侯之夫人，加之以纮綖[11]，卿之内子为大带，命妇成祭服，列士之妻加之以朝服，自庶士以下，皆衣其夫。社而赋事[12]，烝而献功[13]。男女效绩，愆则有辟[14]，古之制也。君子劳心，小人劳力，先王之训也。自上以下，谁敢淫心舍力！今我，寡也，尔又在下位，朝夕处事，犹恐亡先人之业，况有怠惰，其何以避辟？吾冀而[15]朝夕修我，曰：'必无废先人。'尔今曰：'胡不自安？'以是承君之官，余惧穆伯之绝祀也[16]！"

仲尼闻之曰："弟子志之，季氏之妇不淫矣！"]

见《鲁语（下）·敬姜论劳逸》

注释：

[1] 父（fǔ）文伯：鲁国大夫，叫公父歜（chù）。

[2] 忤：犯，触怒。季孙：即季康子，鲁国正卿，文伯之母敬姜是季孙的从叔祖母。

[3] 大采：五彩朝（cháo）日，天子春分之日祭日。

[4] 祖：熟习。

[5] 师尹：官名。旅：各级官府的属官。牧：地方长官。相：百官之长。

[6] 少采：三彩。夕月：天子于秋分之夜祭月。

[7] 司载：官名，主管天文。纠虔：恭敬。

[8] 慆（tāo）：怠慢。

[9] 庀（pí）：治理。

[10] 紞（dǎn）：悬挂在帽上的丝绳。

[11] 紘（hóng）：从冠冕两旁垂下，结绕于颔下的丝带。綖（yán）：覆在冕上面的方形的板。

[12] 社：春祭。

[13] 烝：冬祭。

[14] 愆（qiān）：过失。辟：刑罚。

[15] 而：你。

[16] 穆伯：文伯之父。

译文： 公父文伯退朝回家，拜见他的母亲，他的母亲正在纺麻线。文伯说："像我们这样的人家，母亲还纺麻线，恐怕会惹得季孙发脾气的，他大概会认为我不能很好事奉您呢！"他的母亲叹气说："鲁国大概要灭亡了吧！让你这样的孩子在朝廷做官，竟没听说过这个道理吗？坐下，我告诉你。从前圣王治理百姓，选择瘠薄土地来安置他们，使百姓辛勤劳作，然后任用他们，所以能长久称王于天下。百姓劳苦就会思索，思索就会萌生善良之心；相反，闲逸就会放荡，放荡就会忘掉善良，忘掉善良，就会产生邪恶之心。肥沃土地上的人不能成材，就是因为放荡；瘠薄土地上的人无不心向正义，就因为勤劳。所以，天子在春分那天，穿上五彩礼服祭日，和三公九卿共同熟识土地孕物育民之德，中午考查国家政治和百官的事务。师尹、众士、州牧、国相都要宣布和安排庶民的政务。秋分之夜，天子穿着三彩衣服祭月，和太史、司载恭敬地观测上天显示的景象。每天日落要监督内宫的九嫔，使她们把禘祭和郊祭的粢稷一类供品准备好，弄干净，然后才休息。诸侯早起执行天子颁布的工作和命令，白天考察国家大事，傍晚检查法律制度，晚上告诫百官，使他们不要怠慢和放荡，然后才休息。卿大夫早上考察职责，白天办理各种公事，傍晚整理自己白天的工作情形，晚上处理好采邑家政才休息。士早上接受学业，白天讲习，傍晚复习，晚上要省察自己是否有失，如果没有悔恨，然后才去休息。从平民以下的人，黎明即起，夜晚才休息，没有一天懈怠。王后要亲自织冠冕两边的黑色丝绳，公侯的夫人除此而外，还要织系冕的带子和冠上的方版，卿的正妻织束腰带，大夫的妻子做祭服，列士的妻子还要做丈夫的朝服，下士以下的妻子都要给丈夫做衣服。春祭向神明祷告农事开始，冬祭禀告农事成功。男女各自陈述功绩，有过失就要责罚，这是古代的制度。君子操劳于心，小人从事以力，这是先王的垂训。从上到下，谁敢放纵心思而不出力？现在，我是一个寡妇，你又处在下大夫的位置，即使从早到晚做事，还怕亡失了先人的业绩；何况有懈怠懒惰的心，那将怎样避免处罚？我希望你早晚提醒我说：'一定不要废弃先人业绩！'你现在却说：'为什么不图闲逸？'以这种态度担任国君的官职，我真怕穆伯的祭祀会断绝！"

孔子听到这件事，说："弟子们记住，季氏的这位妇人的确不图安逸享乐啊！"

[叔向见韩宣子[1]。宣子忧贫，叔向贺之。宣子曰："吾有卿之名，而无其实，无以从二三子，吾是以忧，子贺我，何故？"对曰："昔栾武子无一卒之田[2]，其官不备其宗器[3]，宣其德行，顺其宪则，使越于诸侯，诸侯亲之，戎狄怀之，以正晋国。行刑不疚，以免于难[4]。及桓子[5]，骄泰奢侈，贪欲无艺，略则行志，假货居贿，宜及于难，而赖武之德，以没其身。及怀子[6]，改桓之行，而修武之德，可以免于难，而离桓之罪，以亡于楚。夫郤昭子[7]，其富半公室，其家半三军，恃其富宠以泰于国[8]，其身尸于朝，其宗灭于绛。不然，夫八郤五大夫三卿，其宠大矣？一朝而灭，莫之哀也，惟无德也。今吾子有栾武子之贫，吾以为能其德矣，是以贺。若不忧德之不建，而患货之不足，将吊不暇，何贺之有？"

宣子拜稽首焉，曰："起也将亡，赖子存之。非起也敢专承之，其自桓叔以下嘉吾子之赐[9]。"]

见《晋语（八）·叔向贺贫》

注释：

[1] 叔向：晋国大夫，羊舌氏，名肸（xì）。宣子：晋国正卿韩起。

［2］栾武子：晋国上卿栾书。一卒之田：百人为卒，一卒之田为一百顷。但按规定上卿当有田五百顷。

［3］官：或作"宫"。

［4］以免于难：栾书杀晋厉公，因其行为公正，未受"弑君"的责难。

［5］桓子：栾书之子栾黡（yàn）。

［6］怀子：栾黡之子栾盈。

［7］郤（xì）昭子：郤至，晋国正卿。

［8］泰：骄奢。

［9］桓叔：韩氏祖先。

译文：叔向去见韩宣子，韩宣子正为家境不宽裕而发愁，叔向却向他道贺。韩宣子说："我有正卿之名，却无正卿所拥有的财富，无法和各位卿大夫作礼尚往来的交际，所以我很忧愁。你向我道贺，是什么缘故呢？"叔向答道："从前，栾武子连一百顷田也没有，家里甚至不能办齐祭祀的礼器，但是他能发扬自己的德行，遵守国家的法度，使自己的名声远扬诸侯，诸侯亲近他，戎狄感念他，从而治好了晋国。他执行法律没有弊端，因此没有受到弑君的责难。到他的儿子桓子担任上卿时，骄傲奢侈，贪欲无限，违法乱纪，任意妄为，放债取利，聚敛钱财，这种行为本该遭受祸难，可是仰赖栾武子的功德，却得以善终。到怀子时，他改变桓子的行为，而继承祖父武子的德行，本该免予祸难，却遭桓子的罪过牵累，以至逃亡到楚国。再说，晋卿郤昭子，他的财富抵得过君主的一半，武力有晋国军队的一半，倚仗着富有和尊荣，在晋国骄纵放肆。结果，尸体摆在朝廷示众，整个宗族的人被杀灭在晋国都城绛。如果不是这样，郤氏中的八人，五个做到大夫，三个做到上卿，恩宠尊荣确实够大了。然而，一旦被灭，却没有谁同情他们，就因为他们没有德行啊！现在，您有栾武子的清贫，我认为也能行栾武子的德行，所以向您道贺。如果所忧虑的不是自己不能立德，而是忧虑钱财不够，那我要哀吊您都来不及，还有什么可道贺的呢？"

韩宣子跪拜磕头说："我韩起本来要亡的，多亏您保全了我。不仅仅是我韩起一个人承受您的恩惠，从我始祖桓叔以下，都感谢您的恩赐！"

［王孙圉聘于晋[1]，定公飨之[2]。赵简子鸣玉以相[3]，问于王孙圉曰："楚之白珩犹在乎[4]？"对曰："然。"简子曰："其为宝也几何矣？"曰："未尝为宝。楚之所宝者，曰观射父[5]，能作训辞，以行事于诸侯，使无以寡君为口实。又有左史倚相[6]，能道训典，以叙百物，以朝夕献善败于寡君，使寡君无忘先王之业，又能上下说乎鬼神，顺导其欲恶，使神无有怨痛于楚国。又有薮曰云[7]，连徒洲，金、木、竹、箭之所生也，龟、珠、角、齿、皮、革、羽、毛，所以备赋，以戒不虞者也。所以共币帛，以宾享于诸侯者也。若诸侯之好币具，而导之以训辞，有不虞之备，而皇神相之，寡君其可以免罪于诸侯，而国民保焉。此楚国之宝也。若夫白珩，先王之玩也，何宝焉？圉闻国之宝六而已。圣能制议百物，以辅相国家，则宝之；玉足以庇荫嘉谷，使无水旱之灾，则宝之；龟足以宪臧否[8]，则宝之；珠足以御火灾，则宝之；金足以御兵乱，则宝之；山林薮泽足以备财用，则宝之。若夫哗嚣之美，楚虽蛮夷，不能宝也。"］

见《楚语（下）·王孙圉论楚宝》

注释：

[1] 王孙圉（yǔ）：楚国大夫。

[2] 定公：晋国国君姬午。飨（xiǎng）：宴享宾客。

[3] 赵简子：晋国正卿赵鞅。相：辅助定公司仪赞礼。

[4] 白珩（héng）：楚国的佩玉。

[5] 观射父（Guàn Yìfǔ）：楚国大夫。

[6] 左史：官名，周代史官分左史、右史，左史记言，右史记事。

[7] 薮：水浅草茂的湖泽。云：云梦泽，古代的一个大湖泽，在今湖北、湖南境内。

[8] 宪：表明、显示。

译文：王孙圉到晋国去访问，定公设宴招待他。赵简子做陪客，他故意让身上的佩玉发出撞击声，问王孙圉："楚国的白珩还在吗？"王孙圉答道："是的，还在。"赵简子说："作为一件宝贝，它的价值是多少？"王孙圉说："白珩不曾被我国视为宝贝。被楚国视为宝贝的，是大夫观射父，他擅长辞令，和各国交往，使我们国君不在诸侯中落下话柄。还有左史倚相，能讲述先王的训典，有序地安排一切事物，并早晚向我们国君进呈成败的经验和教训，使我们国君不忘先王的功业。他还能取得天地鬼神的喜悦，顺其所欲，避其所恶，使鬼神对楚国没有怨恨。还有一个大湖叫云梦，连接着徒洲，金属、木材、竹子和箭竹从这儿出产，龟壳、珍珠、兽角、象牙、虎豹皮、犀革、鸟羽和牦牛尾，可用来充作军备，防备意外的祸患，用来提供礼物，以奉献诸侯。若与各国交好的礼物已经具备，又能以好的辞令疏导关系；有对付意外事件的准备，又有皇天神明保佑，我们国君大约可以不被诸侯怪罪，而我国百姓也可以安宁。这些才是楚国的宝贝。至于那白珩，不过是先王的玩物，算什么宝贝呢？我听说，国家的宝贝，只有六件：才识卓越，能正确判断各种事物，辅助治理国家的人，就被视为宝贝；祭祀用的宝玉，能够保佑五谷生长，使它们没有水旱灾害，就把它视为宝贝；占卜用的龟壳，可以显示吉凶，就把它视为宝贝；珍珠宝贝如能避御火灾，就把它视为宝贝；金属制成的武器能够抵御战乱，就把它当作宝贝；山林湖沼，可以供给财物、用度，也应该算是宝贝。至于那鸣响的佩玉，楚国虽属蛮夷之地，也不能把它当作宝贝啊。"

第十七章 《战国策》导读

第一节 《战国策》概说

　　《战国策》是西汉刘向所编的一部国别体史书,全书按东周、西周、秦、齐、楚、赵、魏、韩、燕、宋、卫、中山依次分国编撰,分为12策,共33卷,497篇。《战国策》所记载的历史,上起智伯灭范氏(前490),下至高渐离以筑(古乐器)击秦始皇(前221)。

　　《战国策》的原作者一直无考,原有《国策》《国事》《短长》《事语》《长书》《修书》等名称。西汉末年,刘向校录群书时在皇家藏书中发现了六种记录纵横家的写本,但内容混乱,文字残缺。于是,刘向按照国别编订了《战国策》。因此,《战国策》显然不是一时一人所作,刘向只是《战国策》的编订者。因其书所记录的多是战国时期纵横家的政治主张和外交策略,因此刘向把这本书定名为《战国策》。北宋时,《战国策》散佚颇多,经曾巩校补,是为现行本《战国策》。

　　《战国策》是战国时期游说之士(纵横家)的政治主张、策谋和言论的汇编,展示了战国时代的历史特点、社会状况和当时士人的精神风貌,是研究战国历史的重要史籍,具有重要的史料价值。同时,《战国策》也是先秦历史散文成就最高、影响最大的著作之一。

　　《战国策》文辞优美,语言生动,长于议论和叙事,描写人物绘声绘色。擅长运用寓言故事,在我国文学史尤其是散文史上占有重要的地位,对后世许多文学家都产生了较为重要的影响。且《战国策》中的很多成语沿用至今，如一尘不染、大庭广众、两败俱伤、南辕北辙、亡羊补牢、门庭若市、狡兔三窟、狐假虎威、安步当车、不遗余力、不翼而飞、返璞归真、高枕无忧、汗马功劳、画蛇添足，等等。

第二节 《战国策》原文选读

[赵太后新用事[1]，秦急攻之。赵氏求救于齐。齐曰："必以长安君为质[2]，兵乃出。"太后不肯，大臣强谏。太后明谓左右："有复言令长安君为质者，老妇必唾其面！"

左师触詟愿见太后[3]。太后盛气而揖之[4]。入而徐趋，至而自谢，曰："老臣病足，曾不能疾走，不得见久矣，窃自恕。而恐太后玉体之有所郄也[5]，故愿望见太后。"太后曰："老妇恃辇而行。"曰："日食饮得无衰乎？"曰："恃鬻耳[6]。"曰："老臣今者殊不欲食，乃自强步，日三四里，少益嗜食，和于身。"曰："老妇不能。"太后之色少解。

左师公曰："老臣贱息舒祺[7]，最少，不肖，而臣衰，窃爱怜之，愿令得补黑衣之数[8]，以卫王宫。没死以闻[9]！"太后曰："敬诺！年几何矣？"对曰："十五岁矣。虽少，愿及未填沟壑而托之[10]。"太后曰："丈夫亦爱怜其少子乎？"对曰："甚于妇人。"太后笑曰："妇人异甚。"对曰："老臣窃以为媪之爱燕后[11]，贤于长安君。"曰："君过矣，不若长安君之甚。"左师公曰："父母之爱子，则为之计深远。媪之送燕后也，持其踵为之泣，念悲其远也，亦哀之矣。已行，非弗思也，祭祀必祝之，祝曰：'必勿使反[12]。'岂非计久长，有子孙相继为王也哉？"太后曰："然。"

左师公曰："今三世以前，至于赵之为赵，赵王之子孙侯者，其继有在者乎?"曰:"无有。"曰:"微独赵,诸侯有在者乎?"曰:"老妇不闻也。""此其近者祸及身,远者及其子孙。岂人主之子孙则必不善哉!位尊而无功,奉厚而无劳[13],而挟重器多也[14]。今媪尊长安君之位,而封以膏腴之地,多予之重器,而不及今令有功于国,一旦山陵崩[15],长安君何以自托于赵?老臣以媪为长安君计短也,故以为其爱不若燕后。"太后曰:"诺,恣君之所使之[16]。"于是为长安君约车百乘,质于齐,齐兵乃出。

子义闻之曰[17]:"人主之子也,骨肉之亲也,犹不能恃无功之尊,无劳之奉,以守金玉之重也,而况人臣乎!"]

见《赵策·触詟说赵太后》

注释:

[1] 赵太后:即赵威后。用事:执政。

[2] 长安君:赵太后所宠爱的小儿子,长安君是他的封号。

[3] 左师:官名。触詟（Chù Zhé）:人名,赵国的臣子,应作触龙。

[4] 揖:当作,"胥",胥,同"须",等待。

[5] 郄（xì）:不舒适。

[6] 鬻:同"粥"。

[7] 息:儿子。

[8] 黑衣:卫士的代称,因当时王宫卫士都穿黑衣。

[9] 没死:冒死。

[10] 填沟壑:死亡的委婉说法。

[11] 媪（ǎo）:古时称年老妇人。燕后:赵太后的女儿嫁燕国为后。

[12] 反:同"返",诸侯的女儿嫁到他国,只有被休弃,或对方国家覆灭方可返回。

[13] 奉:同"俸",指俸禄。

[14] 重器:指贵重的宝物。

[15] 山陵崩:喻君死,是一种委婉说法。

[16] 恣:任凭。

[17] 子义：人名，赵国贤士。

译文： 赵太后刚刚执政，秦国就加紧进攻赵国。赵国向齐国求援。齐国说："一定要以长安君做人质，我们的军队才能出动。"赵太后不同意，大臣极力劝谏。太后明白地告诉身边的人说："有人再来劝说叫长安君去做人质的，我老婆子一定把唾沫吐到他脸上。"

左师触龙说想谒见，太后很生气地等待他，触龙进来，慢慢地碎步小跑。到了太后面前，自己告罪说："老臣的脚有毛病，以致不能快步跑，不能拜见您已经很久了，我私下原谅自己，但是担心太后的玉体不安适，所以我想来看望您。"太后说："我靠车子走路。"触龙说："每天的饮食该没有减少吧？"太后说："靠吃粥而已。"触龙说："老臣近来特别不想吃东西，于是我自己强制着走走路，每天三四里，这样能稍稍增进食欲，身体舒和了一些。"太后说："我做不到。"太后生气的脸色稍稍缓和下来。

左师公说："我的儿子舒祺，年纪最小，没有出息，但是我已经衰老了，私下里十分爱怜他，希望让他能在宫里的卫士中充个数，保卫王宫，我冒着死罪把这个请求禀告您。"太后说："好吧。年纪多大了？"触龙回答说："十五岁了。虽然还小，希望趁我还未死之前把他托付给您。"太后说："男人也爱怜自己的小儿子吗？"龙触回答说："比妇人还爱得厉害。"太后笑着说："妇人爱得异常厉害。"触龙回答说："老臣私下以为您爱燕后，胜过长安君。"太后说："您错了，比起长安君来差远了。"左师公说："父母疼爱子女，就要为他们长远打算。您送燕后出嫁时，拉着她的脚后跟，为她而哭，惦念着她而且伤心她远嫁于外，也是怜爱她啊。出嫁以后，您并不是不想念她，而是祭祀的时候一定为她祝祷。说：'千万别让她回来啊。'这岂不是为她考虑长远，希望她有子孙相继为王吗？"太后说："是啊。"左师公说："现今三世以前，到赵氏建立赵国的时候，赵王子孙封为侯的，他们的后嗣还有继续在位的吗？"太后说："没有。"触龙说："不仅仅是赵国，其他诸侯子孙封侯的，其后嗣还有在位的吗？"太后说："我不曾听说过。"触龙说："这就是时间短的，自身便遭到祸害，时间长的，祸患便落到子孙头上。难道国君的子孙就一定不好吗？他们地位尊贵而没有功勋，俸禄优厚而没有劳绩，并且占有许多金玉宝贝啊。如今您使长安君的地位很高，还封给他肥美的土地，多多地给予金玉宝贝，却不让他趁现在为国家建立功勋，一旦您百年之后，长安君凭什么在赵国立身呢？我认为您替长安君考虑得短浅，所以认为您对他的爱比不上对燕后。"太后说："好，任凭您把他派遣到什么地方去。"于是为长安君准备了一百乘车，让他到齐国去做人质，齐国的军队才出动。

子义听到这件事，说："君王的子女，与君王是骨肉之亲，尚且不能依仗没有功勋的尊贵地位、没有劳绩的丰厚俸禄，不能保住金玉宝器，何况是做臣子的呢！"

[秦围赵之邯郸[1]，魏安釐王使将军晋鄙救赵[2]，畏秦，止于荡阴[3]，不进。

魏王使客将军辛垣衍间入邯郸[4]，因平原君谓赵王曰[5]："秦所以急围赵者，前与齐闵王争强为帝，已而复归帝，以齐故[6]。今齐闵王已益弱[7]，方今唯秦雄天下，此非必贪邯郸，其意欲求为帝。赵诚发使尊秦昭王为帝，秦必喜，罢兵去。"平原君犹豫未有所决。

此时鲁仲连适游赵[8]，会秦围赵，闻魏将欲令赵尊秦为帝，乃见平原君曰："事将奈何矣？"平原君曰："胜也何敢言事！百万之众折于外[9]，今又内围邯郸而不去，魏王使客将军辛垣衍令赵帝秦，今其人在是。胜也何敢言事！"鲁连曰："始吾以君为天下之贤公子也，吾乃今然后知君非天下之贤公子也。梁客辛垣衍安在[10]？吾请为君责而归之。"

平原君遂见辛垣衍曰："东国有鲁连先生[11]，其人在此，胜请为绍介而之于将军。"辛垣衍曰："吾闻鲁连先生，齐国之高士也。衍，人臣也，使事有职，吾不愿见鲁连先生也。"平原君曰："胜已泄之矣。"辛垣衍许诺。

鲁连见辛垣衍而无言。辛垣衍曰："吾视居此围城之中者，皆有求于平原君者也。今吾视先王之玉貌，非有求于平原君者，曷为久居此围城之中而不去也？"鲁连曰："世以鲍焦无从容而死者[12]，皆非也。今众人不知，则为一身。彼秦者，弃礼义而上首功之国也[13]，权使其士，虏使其民；彼则肆然而为帝，过而遂正于天下[14]，则连有赴东海而死矣，吾不忍为之民也。所为见将军者，欲以助赵也。"辛垣衍曰："先生助之奈何？"鲁连曰："吾将使梁及燕助之，齐、楚则固助之矣。"辛垣衍曰："燕则吾请以从矣。若乃梁，则吾乃梁人也，先生恶能使梁助之耶[15]？"鲁连曰："梁未睹秦称帝之害故也。使梁睹秦称帝之害，则必助赵矣。"辛垣衍曰："秦称帝之害，将奈何？"鲁仲连曰："昔齐威王尝为仁义矣，率天下诸侯而朝周。周贫且微，诸侯莫朝，而齐独朝之。居岁余，周烈王崩，诸侯皆吊，齐后往。周怒，赴于齐曰：'天崩地坼[16]，天子下席[17]，东藩之臣田婴齐后至[18]，则斮之[19]。'威王勃然怒曰：'叱嗟！而母，婢也[20]！'卒为天下笑。故生则朝周，死则叱之，诚不忍其求也。彼天子固然，其无足怪。"

辛垣衍曰："先生独未见夫仆乎？十人而从一人者，宁力不胜、智不若邪？畏之也。"鲁仲连曰："然梁之比于秦，若仆邪？"辛垣衍曰："然。"鲁仲连曰："然吾将使秦王烹醢梁王[21]！"辛垣怏然不说（按，同悦），曰："嘻！亦太甚矣，先生之言也！先生又恶能使秦王烹醢梁王？"鲁仲连曰："固也，待吾言之。"

"昔者鬼侯、鄂侯、文王[22]，纣之三公也。鬼侯有子而好[23]，故入之于纣，纣以为恶，醢鬼侯；鄂侯争之急，辨之疾，故脯鄂侯[24]；文王闻之，喟然而叹[25]，故拘之于牖里之库百日[26]，而欲舍之死。曷为与人俱称帝王，卒就脯醢之地也？

"齐闵王将之鲁，夷维子执策而从[27]，谓鲁人曰：'子将何以待吾君？'鲁人曰：'吾将以十太牢待子之君。'夷维子曰：'子安取礼而来待吾君?彼吾君者,天子也。天子巡狩,诸侯避舍,纳于筦键[28],摄衽抱几,视膳于堂下;天子已食,而听退朝也。'鲁人投其籥,不果纳,不得入于鲁。将之薛,假途于邹[29]。当是时,邹君死,闵王欲入吊。夷维子谓邹之孤曰:'天子吊,主人必将倍殡柩[30],设北面于南方,然后天子南面吊也。'邹之群臣曰:'必若此,吾将伏剑而死。'故不敢入于邹。邹、鲁之臣,生则不得事养,死则不得饭含[31],然且欲行天子之礼于邹、鲁之臣,不果纳。今秦万乘之国,梁亦万乘之国,交有称王之名,睹其一战而胜,欲从而帝之,是使三晋之大臣[32],不如邹、鲁之仆妾也。

"且秦无已而帝,则且变易诸侯之大臣,彼将夺其所谓不肖而予其所谓贤,夺其所憎而予其所爱;彼又将使其子女谗妾,为诸侯妃姬,处梁之宫,梁王安得晏然而已乎?而将军又何以得故宠乎?"

于是辛垣衍起,再拜谢曰:"始以先生为庸人,吾乃今日而知先生为天下之士也!吾请去,不敢复言帝秦!"

秦将闻之,为却军五十里。适会魏公子无忌夺晋鄙军以救赵击秦[33],秦军引而去。

于是平原君欲封鲁仲连,鲁仲连辞让者三,终不肯受。平原君乃置酒,酒酣,起,前,以千金为鲁连寿。鲁连笑曰:"所贵于天下之士者,为人排患、释难、解纷乱而无所取也。即有所取者,是商贾之人也,仲连不忍为也。"遂辞平原君而去,终身不复见!]

见《赵策·鲁仲连义不帝秦》

注释:

[1] 邯郸(Hándān):赵国都城,在今河北邯郸。
[2] 魏安釐(xī)王:魏国国君,名圉(yǔ)。
[3] 荡阴:赵、魏两国交界的地方,在今河南汤阴。
[4] 客将军:他国人客居魏国而做了将军,称客将军。辛垣衍:人名,

姓辛垣，名衍。

　　[5] 平原君：赵孝成王的叔父，名胜，平原君是他的封号，当时做赵国相，是战国四君子之一。赵王：指赵孝成王。

　　[6] 以齐故：公元前288年，齐闵王称东帝、秦昭王称西帝。齐闵王因苏代劝谏而取消帝号，秦也不情愿地取消了帝号，所以说"以齐故"。

　　[7] 今齐闵王益弱：此句疑有误，秦围邯郸时，齐闵王已死二十余年。

　　[8] 鲁仲连：齐国人，一生不做官，好为人排难解纷。

　　[9] 百万之众折于外：指公元前260年秦赵长平之战，赵大败，被秦活埋降兵40余万。

　　[10] 梁：大梁是魏国都城，所以借梁指魏。

　　[11] 东国：指齐国，因齐在魏国东面。

　　[12] 鲍焦：周朝隐士，相传因不满当时政治，抱木饿死。

　　[13] 上：崇尚。首功：斩首之功。

　　[14] 正：即政，指统治。

　　[15] 恶（wū）：怎么。

　　[16] 天崩地坼（chè）：比喻天子死。坼，裂开。

　　[17] 下席：指孝子离开宫室，寝在苫（shān，草垫）上守丧。

　　[18] 东藩：指齐国。藩，篱笆，古代分封诸侯作为王室屏藩，以捍卫王室。田婴齐：齐威王姓名。

　　[19] 斮（zhuó）：斩杀。

　　[20] 而：你的。

　　[21] 醢（hǎi）：剁成肉酱。

　　[22] 鬼侯、鄂侯：纣时的诸侯，鬼侯封地在今河南临漳县，鄂侯的封地在今山西中阳县。

　　[23] 子：指女儿。好：貌美。

　　[24] 脯（fǔ）：肉干，意思是做成肉干。

　　[25] 喟（kuì）然：叹气的样子。

　　[26] 牖（yǒu）里：或作羑里，在今河南汤阴。库：监狱。

　　[27] 夷维子：齐闵王的臣子。策：马鞭。

［28］筦键：钥匙。

［29］邹：小国名，在今山东邹县。

［30］倍：同"背"，不正面对着。古代丧礼，灵柩停西阶，丧事主人位于东阶面对灵柩，天子吊丧，主人换到西阶，面向北哭，不正面对着灵柩。

［31］饭含：古代丧礼，在死者口中放入米叫饭，放入玉叫含。

［32］三晋：春秋时期的晋国分裂为韩、赵、魏三国，所以合称三晋。

［33］公子无忌：战国四君子之一的信陵君，是魏昭王少子，安釐王的异母弟，他托魏王爱姬如姬盗出兵符，假传魏王命令夺晋鄙兵权，击秦救赵。

译文： 秦国军队包围了赵国邯郸，魏安釐王派客籍将军晋鄙援救赵国，晋鄙害怕秦军，便把军队停在荡阴，不再前进。

魏王又派将军辛垣衍，从小路潜入邯郸，通过平原君对赵王说："秦国之所以急迫地围攻赵国，是因为秦国以前和齐闵王争强称帝，后来齐闵王取消了帝号，于是秦王也不得不取消了帝号。现在的齐国比齐闵王时更弱小，当今只有秦国称雄于天下，这次围攻赵国不是一定要贪图占领邯郸，秦王的意思是想求得称帝。如果赵国真的派出使者，去尊秦昭王为帝，秦昭王必然高兴，就会收兵回去。"平原君很犹豫，没有做出决定。

这时候，鲁仲连恰好来到赵国，碰上秦军包围赵国，听说魏国打算叫赵国尊奉秦王为帝，于是就去见平原君说："事情将怎么办呢？"平原君说："我哪里敢谈什么战事啊！我国的百万大军损失在外面，如今秦军又在国内包围邯郸而不退兵，魏王派客籍将军辛垣衍叫赵国尊秦王为帝，现在那个人还在这里。我哪里敢谈什么战事啊！"鲁仲连说："当初我还认为您不是天下的贤德公子呢，我现在才知道您是天下的贤德公子啊。魏国客人辛垣衍在哪里？请让我替您谴责他，让他回去。"平原君说："请让我为您召他前来相见。"

于是平原君去见辛垣衍，说："齐国有位鲁仲连先生，这个人就在这里，让我介绍他和您相见。"辛垣衍说："我听说鲁仲连先生是齐国的一位高士。我辛垣衍是个做臣子的，出使赵国有重任在身，我不愿意见鲁仲连先生。"平原君说："我已经把您到这里的事情泄露出去了。"辛垣衍只好同意。

鲁仲连见到辛垣衍，而不说话。辛垣衍说："据我观察，留在这个围城中的，都是有求于平原君的人。现在我看您不凡的相貌，并不是有求于平原君的人，为什么您却滞留在这座围城之中而不离去呢？"鲁仲连说："世上凡以为鲍焦是心地狭窄而死的人，统统不对。如今一般的人都不理解他，认为他是为个人而死。秦国，是抛弃礼义而崇尚战功的国家。它以权诈之术来对待他的士人，像对待奴隶般地役使人民。假使那秦王肆无忌惮地称帝，进一步统治天下，那么，我鲁仲连就跳东海而死，我不能忍受做他的百姓。我来见将军，就是想借此机会帮助赵国。"辛垣衍说："先生怎么帮助赵国呢？"鲁仲连说："我将让魏国和燕国帮助赵国，而齐国和楚国则本来就在帮助赵国了。"辛垣衍说："燕国，我认为它会听从您的话。至于魏国，我便是魏国人，先生怎么能使魏国帮助赵国呢？"鲁仲连说："魏国还没有看到秦王称帝的害处。假使魏国认清秦王称帝的害处，就一定会帮助赵国了。"辛垣衍说："秦王称帝的害处是什么？"鲁仲连说："从前齐威王曾经施行仁义，率领天下诸侯朝拜周天子。当时的周王室贫穷衰微，没有哪个诸侯去朝拜。过了一年多，周烈王去世，诸侯都去吊丧，齐国迟迟才来到。周天子发怒，派人到齐国报丧说：'天崩地裂，新天子离开寝宫在苦席上守丧，东方属国之臣田婴齐吊丧迟到，罪该斩首。'齐威王勃然大怒说：'呸！你的母亲，不过是个婢女！'结果成为天下笑柄。周烈王活着的时候去朝拜，死后则叱骂，这实在是因为不能忍受周的苛求。做天子的总是那样威风逼人，这倒是不足为怪的。"

辛垣衍说："先生难道没有看见那些仆人吗？十人而听从一人，难道是力气胜不过、智慧比不上吗？那是因为害怕啊。"鲁仲连说："对，不过魏国对于秦国就好比仆人一般吗？"辛垣衍说："是的。"鲁仲连说："如果是这样，我就让秦王把魏王煮了，剁成肉酱！"辛垣衍很不高兴，说："嘿！也太过分了，先生的话！先生又怎么能够叫秦王把魏王煮了，剁成肉酱？"鲁仲连说："当然能够，等我说给您听。"

"从前鬼侯、鄂侯和文王，是商纣王的三个诸侯。鬼侯有个女儿很漂亮，所以进献给纣王，纣王却认为她长得丑陋，结果把鬼侯剁成肉酱。鄂侯极力替鬼侯争辩，结果纣王把鄂侯杀了做成肉干。文王听到这件事，深深地叹息，结果被纣王囚禁在牖里的狱中一百天，想把他置于死地。为什么与他人一样称王，结果却落到被人做成肉干，剁成肉酱的地步呢？"

"齐闵王准备去鲁国，夷维子拿着马鞭跟从于他。夷维子对鲁国人说：'你们将怎样接待我们的国君？'鲁国人说：'我们将用十太牢的礼节来接待你们的国君？'夷维子说：'你们这是按什么礼节接待我们的国君呢？我们的国君，是天子。天子巡视，诸侯要离开宫室让天子住，自己避居别舍，还要交出钥匙，诸侯掖起衣襟，捧着几案，在堂下伺候天子用膳，待天子吃罢，诸侯才退下回到朝堂去听政。'鲁国人听了之后，闭关下锁，不让齐闵王入境，于是齐闵王没能进入鲁国。齐闵王准备进驻薛地，要从邹国借路经过。正在这个时候，邹国的国君去世，闵王打算去吊丧，夷维子对已故邹国国君的儿子说：'天子吊丧，丧主必须背对灵柩，在停放灵柩的西阶设坐南向北的丧主位置，然后天子坐北向南吊丧。'邹国群臣说：'假如非要这样做不可，我们宁可用剑自杀！'结果齐闵王不敢进入邹国。邹国和鲁国的臣子，因国势贫弱，国君活着时没有侍奉，死后也没有遵照殡礼进行丧事，尽管如此，一旦有人要对他们行天子之礼，他们尚且不肯接纳。现在秦国是拥有兵车一万乘的国家，魏国也是拥有兵车一万乘的国家，都是拥有万乘兵车的大国，彼此同样有称王的名分，看到秦国打了一次胜仗，就想顺从秦国尊秦为帝，这是让三晋这种大国的臣子，还不如邹、鲁两国的奴仆呢。"

"再说，如果秦国逞欲不止而终于称帝，他们将撤换诸侯的大臣，剥夺那些他们视为不肖者的禄位，而给予他们认为好的；剥夺他们不满意的臣子的禄位，而给予他们所喜爱的；还要把他自己娇养的女儿和善于毁贤忌能的小妾嫁给诸侯去做妃姬，住在魏王珠宫中，魏王哪能平安无事呢？而您将军又怎能得到原来那样的尊荣呢？"

于是辛垣衍站起来，对鲁仲连拜了两拜，谢罪说："开始我还把先生您看作一个平庸之辈，我现在才知道先生是天下的贤士！请让我就此离开赵国，不敢再谈尊秦为帝的事了！"

秦国的将军听到这个消息，为此撤军五十里。刚好又赶上魏国公子无忌夺取晋鄙军权，来救援赵国，进攻秦军，秦军只好撤回。

这时，平原君想封赏鲁仲连，鲁仲连再三辞让，始终不肯接受。于是平原君设宴款待鲁仲连。酒兴正浓，平原君站起来，走上前去，送上一千斤黄金祝鲁仲连长寿。鲁仲连笑着说："天下有才识的士人，他们的可贵之处是替人排除忧患，消除危难，而不求取什么。如果想获取什么，那就是做买卖的商人了，鲁仲连不愿做这种人。"接着就辞别平原君而离去，终身没有再来见平原君。

[梁王魏婴觞诸侯于范台[1]。酒酣，请鲁君举觞[2]。

鲁君兴，避席而择言曰："昔者帝女令仪狄作酒而美[3]，进之禹，禹饮而甘之，遂疏仪狄，绝旨酒，曰：'后世必有以酒亡其国者。'齐桓公夜半不嗛[4]，易牙乃煎熬燔炙[5]，和调五味而进之，桓公食之而饱，至旦不觉，曰：'后世必有以味亡其国者。'晋文公得南之威[6]，三日不听朝，遂推南之威而远之，曰：'后世必有以色亡其国者。'楚王登强台而望崩山[7]，左江而右湖，以临彷徨[8]，其乐忘死，遂盟强台而弗登，曰：'后世必有以高台陂池亡其国者[9]。'今主君之尊，仪狄之酒也；主君之味，易牙之调也；左白台而右闾须[10]，南威之美也；前夹林而后兰台[11]，强台之乐也。有一于此，足以亡其国。今主君兼此四者，可无戒与！"梁王称善相属[12]。]

见《魏策·鲁共公择言》

注释：

[1] 王魏婴：指魏国君主梁惠王，惠王名婴。觞（shāng）：酒器，这里指设酒宴款待。范台：魏国台名，台是一种高而平的建筑。

[2] 鲁君：鲁共公，名奋。

[3] 帝女：可能是指尧或舜的女儿。仪狄：人名，酿酒能手。

[4] 嗛（qiè）：满意，舒服。

[5] 易牙：齐桓公宠信的侍臣，善调制食物。燔（fán）：一种烹饪方法。

[6] 南之威：美女，又作南威。

[7] 楚王：指楚庄王。强台：楚国的章华台。崩山：山名，在今湖北境内。

[8] 彷徨：徘徊，流连忘返。

[9] 高台陂（bēi）池：泛指宫殿园林。陂池，水池。

[10] 白台、间须：都是美女名。

[11] 夹林、兰台：魏国的林、台名，是魏王的游览胜地。

[12] 相属（zhǔ）：连续不断。

译文：梁惠王魏婴在范台设酒宴款待诸侯，酒兴正浓时，梁惠王请鲁国君举杯祝酒。

鲁君站起来，离开座位，选择措词说："从前帝女命令仪狄酿酒，酒很美，进献给禹，禹饮了也觉得非常甘美，于是便疏远了仪狄，戒绝美酒，说：'后世的君主一定有因为美酒而亡国的。'齐桓公半夜里感到吃得不足，易牙就煎熬烧烤，调和五味，进献给桓公。桓公吃饱了，可直到天明也没有醒来，他说：'后世的君主一定有因为美味而亡国的。'晋文公得到美女南之威，连续三天不上朝听政，于是推开南之威而疏远她，说：'后世的君主一定有因为美色而亡国的。'楚王登上强台眺望崩山的景色，左边是长江，右边是洞庭湖。他居高临下，流连忘返，竟快乐得忘掉人之将死，于是对强台发誓不再登了，说：'后世的君主一定有因为迷恋山水而亡国的。'现在您的酒杯里，就是仪狄酿造的美酒；您的饮食，就是易牙烹调的美味；您左边的白台、右边的间须，就是南威那样的美女；您前面的夹林，后面的兰台，就是强台那样让人欢乐的美景。只要有其中的一件，就足以亡国。现在您兼有这四样，能够不警惕吗！"梁王连连说好。

[秦王使人谓安陵君曰[1]："寡人欲以五百里之地易安陵，安陵君其许寡人！"安陵君曰："大王加惠，以大易小，甚善。虽然，

受地于先王，愿终守之，弗敢易！"秦王不说[2]。安陵君因使唐雎使于秦。

秦王谓唐雎曰："寡人以五百里之地易安陵，安陵君不听寡人，何也？且秦灭韩亡魏，而君以五十里之地存者，以君为长者，故不错意也[3]。今君以十倍之地，请广于君，而君逆寡人者，轻寡人欤？"唐雎对曰："否，非若是也。安陵君受地于先王而守之，虽千里不敢易也，岂直五百里哉[4]？"

秦王怫然怒[5]，谓唐雎曰："公亦尝闻天子之怒乎？"唐雎对曰："臣未尝闻也。"秦王曰："天子之怒，伏尸百万，流血千里。"唐雎曰："大王尝闻布衣[6]之怒乎？"秦王曰："布衣之怒，亦免冠徒跣[7]，以头抢地耳。"唐雎曰："此庸夫之怒也，非士之怒也。夫专诸之刺王僚也[8]，彗星袭月[9]；聂政之刺韩傀也[10]，白虹贯日；要离之刺庆忌也[11]，苍鹰击于殿上。此三子皆布衣之士也，怀怒未发，休祲降于天[12]，与臣而将四矣。若士必怒，伏尸二人，流血五步，天下缟素[13]，今日是也！"挺剑而起。

秦王色挠[14]，长跪而谢之曰[15]："先生坐！何至于此！寡人谕矣[16]；夫韩、魏灭亡，而安陵以五十里之地存者，徒以有先生也。"

见《魏策·唐雎不辱使命》

注释：

[1] 秦王：即秦始皇嬴政，当时还未称帝，所以称秦王。安陵君：安陵的君主，安陵是战国时期魏国分封的属国。

[2] 说：同"悦"。

[3] 不错意：不放在心上。错，同"措"。

[4] 直：只。

[5] 怫（fú）然：愤怒的样子。

[6] 布衣：指平民。

［7］徒跣（xiǎn）：光脚。

［8］专诸之刺王僚：专诸，人名，春秋时著名刺客。王僚，吴国国王，名僚。吴国公子光（即后来即位的吴王阖闾）不满堂兄吴王僚继承君位，派专诸刺杀吴王僚。

［9］彗星袭月：彗星光芒掩盖月亮，古人认为这是上天显示的征兆。

［10］聂政之刺韩傀（kuǐ）：聂政，战国时期齐国人。韩傀，韩国丞相。韩国大夫严仲子跟韩傀有仇，派聂政刺杀韩傀。

［11］要离之刺庆忌：要离，春秋时期吴国人。庆忌：吴王僚之子，吴王僚被刺，庆忌逃到魏国，被吴王阖闾（公子光）遣要离刺死。

［12］休祲（jìn）：祸福的征兆。指上面的"彗星袭月"、"白虹贯日"等。休，吉祥。祲，灾祸之气。

［13］缟（gǎo）素：这里指丧服。

［14］挠：屈。

［15］长跪：古人两膝着地，臀部压在脚后跟上叫坐，臀部离后跟叫跪，再以上身挺直，叫长跪。与今"跪"义不同。

［16］谕：通"喻"，明白。

译文：秦王派人对安陵君说："我想用五百里的土地来换安陵，安陵君你一定要答应我！"安陵君说："大王加给我恩惠，以大换小，这非常好。尽管如此，我从先王那儿继承了土地，希望永远守住它，不敢交换。"秦王很不高兴。于是安陵君派唐雎出使到秦国去。

秦王对唐雎说："我用五百里的土地来换安陵，安陵君不听从于我，为什么呢？再说，秦灭掉了韩国和魏国，而安陵君却凭着五十里的领土保存下来，是因为我把他看作一个有德行的长者，所以我没有打他的主意。如今我用十倍的土地，来扩大他的领土，而他却拒绝我，是轻视我吗？"唐雎回答说："不，不是这样。安陵君从先王那儿继承了土地而守护着它，即使一千里土地也不敢交换，何况只是五百里呢？"

秦王怒气冲冲，对唐雎说："您也曾经听说过天子发怒吧？"唐雎回答说："我还没有听说过。"秦王说："天子发怒，横尸百万，血流千里。"唐雎说："大王曾经听说过平民发怒吗？"秦王说："平民发怒，无非是取下帽子,打着赤脚,用头去碰地罢了。"唐雎说:"这是庸人之怒,不是勇士之怒。当年专诸刺杀吴王僚,彗星的光芒掩盖月亮;聂政刺杀韩傀,一道白气穿过太阳;要离刺杀庆忌,苍鹰突然飞扑到殿上。这三个人,都是平民中的勇士,他们胸怀的怒气还没有发,征兆便从天上降下来,今天再加上我就将是四个人了。如果勇士必将发怒,就将倒下两人的尸体,鲜血流在五步之内,而天下的人都要穿白戴孝,今天就是如此!"唐雎拔出剑站了起来。

秦王变了脸色,神情沮丧,臀部离座,直起身来,对唐雎道歉说:"先生坐下来!何至于如此!我明白了,韩国、魏国已经灭亡,而安陵却凭着五十里的领土而保存下来,只是因为有先生这样的人啊!"

[信陵君杀晋鄙[1],救邯郸,破秦人,存赵国,赵王自郊迎。唐雎[2]谓信陵君曰:"臣闻之曰,事有不可知者,有不可不知者;有不可忘者,有不可不忘者。"信陵君曰:"何谓也?"对曰:"人之憎我也,不可不知也;我憎人也,不可得而知也。人之有德于我也,不可忘也;吾有德于人也,不可不忘也。今君杀晋鄙,救邯郸,破秦人,存赵国,此大德也。今赵王自郊迎,卒然见赵王[3],愿君之忘之也。"信陵君曰:"无忌谨受教[4]。"]

见《魏策·唐雎说信陵君》

注释:

[1] 信陵君:魏公子无忌,战国时著名的四公子之一。晋鄙:魏国大将,当时秦国派军队围攻赵国的国都邯郸,魏王派晋鄙率兵救赵,因为害怕秦军的强大,晋鄙的军队停留在赵、魏两国交界的荡阴不肯前进。后来信陵君设法窃兵符,杀晋鄙,领兵攻秦,解除了邯郸之围,挽救了赵国。

[2] 唐雎(jū):魏国人。

[3] 卒然:猝然、突然。

[4] 谨:谨慎,郑重。

译文：信陵君杀了晋鄙，救了邯郸，攻破了秦军，保存了赵国，赵王亲自来到郊外迎接。唐雎对信陵君说："我听说，事情有不可以知道的，有不可以不知道的；有不可以忘记的，有不可以不忘记的。"信陵君说："这是指的什么呢？"唐雎回答说："别人憎恶我的事，不可以不知道；我憎恶别人的事，不可以被别人知道。别人对我有恩德，不可以忘记；我对别人有恩德，不可以不忘记。现在您杀了晋鄙，救了邯郸，攻破了秦军，保存了赵国，这是很大的功德。现在赵王亲自来郊外迎接，您马上就要见到赵王，希望您忘记救赵的事。"信陵君说："我无忌恭敬地接受您的指教。"

第十八章 《左传》导读

第一节 《左传》概说

《左传》全称《春秋左氏传》,又名《左氏春秋传》或《左氏春秋》,相传是春秋末年左丘明为解释孔子的《春秋》而作。它与《春秋公羊传》《春秋穀梁传》合称"春秋三传"。

《左传》的作者一直存在争议,司马迁、班固等人都认为《左传》是左丘明所写;从唐代开始,有很多学者持怀疑态度,但纪昀在《四库全书总目提要》中仍然认为是左丘明所著。

左丘明(约前502—约前422),春秋末期鲁国人,曾任鲁国左史官,左丘明知识渊博,品德高尚,孔子对其十分推崇,曾说:"巧言、令色、足恭,左丘明耻之,丘亦耻之。匿怨而友其人,左丘明耻之,丘亦耻之。"司马迁称左丘明为"鲁君子"。

《左传》是一部编年体史学名著,它起自鲁隐公元年(前722),迄于鲁悼公四年(前464),通过记述春秋时期的具体史实来说明《春秋》的纲目,是儒家重要典籍之一。与《春秋》的大纲形式不同,《左传》相当系统而具体地记述了这一时期各国的政治、外交、军事等方面的重大事件,所以,《左传》实质上是一部独立撰写的史书。

《左传》具有强烈的儒家思想倾向,强调等级秩序与宗法伦理,重视长幼尊卑之别,同时也体现出"民本"思想,因此也是研究先秦儒家思想的重要史料。

《左传》不仅是一部优秀的历史著作，也是一部"情韵并美，文彩照耀"的文学名著。它长于记述战争，赋予故事情节化；善于刻画人物，有立体感；场面描写生动传神；还重视记录外交辞令，理富文美。从广义上看，《左传》可说是中国第一部大规模的叙事性作品，对后来的史学著作和文学著作都具有重要影响。

第二节 《左传》原文选读

[郑武公、庄公为平王卿士[1]。王贰于虢[2]，郑伯怨王。王曰："无之。"故周郑交质[3]：王子狐为质于郑，郑公子忽为质于周。王崩，周人将畀虢公政[4]。四月，郑祭足帅师取温之麦[5]；秋，又取成周之禾[6]。周郑交恶。

君子曰："信不由中，质无益也。明恕而行[7]，要之以礼，虽无有质，谁能间之！苟有明信，涧、溪、沼、沚之毛[8]，蘋、蘩、蕰藻之菜[9]，筐、筥、锜、釜之器[10]，潢污、行潦之水[11]，可荐于鬼神，可羞于王公，而况君子结二国之信，行之以礼，又焉用质？《风》有《采蘩》《采蘋》，《雅》有《行苇》《泂酌》[12]，昭忠信也。"]

见《隐公三年·周郑交质》

注释：

[1] 王：周王朝天子。卿士：周王朝执政大臣。

[2] 贰：二心，这里指平王想把郑的权力分给虢。虢（guó）：国名，虢公也是周王室卿士。

[3] 质：典押以取信。

[4] 畀（bì）：给。

[5] 祭足：郑大夫祭仲。温：周畿（jī，古称国都附近的地方）内城邑名。

[6] 成周：周王室首都，在今河南洛阳。

[7] 恕：能推己及人，体谅他人。

[8] 沼：即池。沚：水中小洲。

[9] 蘋、蘩、蕰藻：蒿藻一类植物。

[10] 筐、筥（jǔ）：竹器，方的叫筐，圆的叫筥。锜、釜：鼎一类的器物，有足为锜，无足为釜。

[11] 潢污、行潦：潢污指停聚的水，行潦指流动的水。

[12] 风：指诗经国风。雅：此指诗经大雅。

译文： 郑武公和郑庄公相继担任周平王的执政官。平王想分权给虢公，郑庄公因此而埋怨平王。平王说："没有这件事。"于是周王室和郑国相互典押人质：平王的儿子狐到郑国做人质，郑国的公子忽到周做人质。

平王逝世，周王室的人打算把执政权交给虢公。四月，郑国的祭足领兵夺走周王朝属地温邑的麦子；秋天，又割掉成周的稻子。于是周、郑互相怀恨。

君子说："信用不发自内心，典押人质也没用。能光明磊落、体谅他人去行事，又能用礼仪来约束，即使没有人质，谁能离间他们呢？如有彰明的信用，那么溪涧池塘小洲的草，蒿草水藻一类的菜，方筐圆筥鼎釜一类的器物，流动停聚的水都可以用来祭祀鬼神，进献王公。何况是君子缔结两国间的盟约，只要遵礼施行，又何必需要人质呢？《国风》有《采蘩》《采蘋》两篇诗，《大雅》有《行苇》《泂酌》两篇诗，都是昭明忠诚和信用的。"

[卫庄公娶于齐东宫得臣之妹[1]，曰庄姜[2]。美而无子，卫人所为赋《硕人》也[3]。又娶于陈[4]，曰厉妫[5]，生孝伯，蚤死。其娣戴妫[6]，生桓公[7]，庄姜以为己子。

公子州吁，嬖人之子也[8]，有宠而好兵，公弗禁，庄姜恶之。

石碏谏曰[9]："臣闻爱子，教之以义方，弗纳于邪。骄、奢、淫、佚，所自邪也。四者之来，宠禄过也。将立州吁，乃定之矣；

若犹未也，阶之为祸[10]。夫宠而不骄，骄而能降，降而不憾，憾而能眕者[11]，鲜矣[12]。且夫贱妨贵，少陵长，远间亲，新间旧，小加大，淫破义，所谓六逆也。君义，臣行[13]，父慈，子孝，兄爱，弟敬，所谓六顺也。去顺效逆，所以速祸也。君人者，将祸是务去[14]，而速之，无乃不可乎？"弗听。

其子厚与州吁游，禁之，不可。桓公立，乃老。]

见《隐公三年·石碏谏宠州吁》

注释：

[1] 卫庄公：卫国国君。齐：国名，姜姓，故地在今山东。东宫：太子所居之地。

[2] 庄姜：庄是其丈夫的谥号，姜为母家之姓。

[3] 硕人：《诗经·卫风》篇名。

[4] 陈：国名，妫（guī）姓。故地在今河南开封以东，南至安徽亳（bó）县。

[5] 厉妫：厉是谥号，妫是母家之姓。下面"戴妫"同。

[6] 娣：妻子随嫁的妹妹，春秋时代，诸侯娶他国之女，以其妹妹从嫁。

[7] 桓公：指卫桓公，继承庄公君位。

[8] 嬖（bì）人：地位低下而受宠的人。

[9] 石碏（què）：卫国的大夫。

[10] 阶：阶梯，这里指引导、促成。

[11] 眕（zhěn）：安定而不妄动。

[12] 鲜（xiǎn）：少。

[13] 行：奉命行事。

[14] 祸是务去：务去祸害。

译文： 卫庄公娶齐国东宫世子得臣的妹妹做夫人，称为庄姜，庄姜很美，但无子嗣。卫国的人因此而做《硕人》这首诗。庄公又从陈国娶了一个夫人，叫厉妫，生了一个儿子叫孝伯，孝伯早夭。她的随嫁妹妹戴妫生下桓公,庄姜把他当作自己的儿子。

公子州吁,是卫庄公宠幸的姬妾的儿子,受到庄公的宠爱而又喜欢武事,庄公又不禁止她。庄公的夫人庄姜很讨厌他。

大夫石碏规劝庄公说:"我听说喜爱儿子,应当用正确的道理教育他,不要让他走到邪路上去。骄横、奢侈、享乐、放荡,这是走上邪路的缘由。这四种邪恶之所以产生,是由于宠爱太过分。如果准备立州吁为太子,就早点定下来;如果还不能定下来,这样放纵他,就是把他引上酿成祸乱的路。受到宠爱而不骄傲,骄傲却能安于卑下的地位,地位卑下而不怨恨别人,心有怨恨而能抑止自己,这样的人,是很少的。而且卑贱妨害尊贵,年少侵凌年长,疏远离间亲近,新人离间旧人,地位低的欺负地位高的,淫欲破坏道义,这就是六逆。国君做事符合道义,臣下受命奉行,父亲慈爱,儿子孝敬,兄长宽厚,弟弟恭敬,这就是六顺。离开顺而去效法逆,这就会很快地招致祸害,作为君王,应当务必去掉祸害,现在却促使祸害到来,恐怕不可以吧!"卫庄公不听。

石碏的儿子石厚和州吁往来密切,石碏阻止他,他不听。于是卫桓公一即位,石碏就告老回家了。

[齐师伐我[1]。公将战。曹刿请见[2]。其乡人曰:"肉食者谋之,又何间焉[3]?"刿曰:"肉食者鄙,未能远谋。"乃入见。

问:"何以战?"公曰:"衣食所安,弗敢专也,必以分人。"对曰:"小惠未徧,民弗从也。"公曰:"牺牲玉帛[4],弗敢加也,必以信。"对曰:"小信未孚[5],神弗福也。"公曰:"小大之狱[6],虽不能察,必以情。"对曰:"忠之属也,可以一战。战则请从。"

公与之乘,战于长勺[7]。公将鼓之,刿曰:"未可。"齐人三鼓,刿曰:"可矣。"齐师败绩。公将驰之,刿曰:"未可。"下,视其辙[8],登轼而望之,曰:"可矣。"遂逐齐师。

既克，公问其故。对曰："夫战，勇气也。一鼓作气，再而衰，三而竭。彼竭我盈，故克之。夫大国，难测也，惧有伏焉。吾视其辙乱，望其旗靡[9]。故逐之。"]

见《庄公十年·曹刿论战》

注释：

［1］我：指鲁国。

［2］曹刿（guì）：鲁国人。

［3］间（jiàn）：参与。

［4］牺牲玉帛：祭祀用的东西，指猪牛羊和玉璧帛币等。

［5］孚：取得俞任。

［6］狱：诉讼案件。

［7］长勺：鲁国地名，在今山东莱芜东北。

［8］辙：车轮痕迹。

［9］靡：倒下。

译文： 齐国军队攻打我鲁国，庄公准备应战。曹刿请求谒见鲁侯。他的同乡说："做官的人自会谋划，你又何必参与进去呢？"曹刿说："做官的人见识浅陋，不能深谋远虑。"于是进到朝上谒见庄公。

曹刿问："靠什么去作战？"庄公说："衣食等安生之物，我不敢一人独享，必定要分给他人。"曹刿答道："这种小恩小惠并没有遍及人民，老百姓不会跟从你去死战的。"庄公说："祭祀用的牛、羊、猪和宝玉、丝绸，不敢夸大虚报，一定用诚信去向神祝祷。"曹刿答道："这种小信用还不能取信于神，神是不肯降福的。"庄公说："大大小小的诉讼案件，虽然我不能深入详察，但必定求其合乎情理。"曹刿答道："这属于忠信的表现，可以凭借它去和敌人作战。作战时请让我跟随您去。"

庄公和他同坐一辆战车。在长勺，两军进行战斗。庄公想击鼓进兵，曹刿说："还不行。"等到齐军已经击鼓三遍，曹刿说："可以进兵了。"齐军大败。庄公准备命令军队驱车去追击齐军，曹刿说："还不行。"他下战车察看齐军战车的轮迹，又爬到车前扶手的横木上去眺望齐军败退的情形，然后说:"现在可以了。"于是鲁军开始追击齐军。

打了胜仗以后,庄公问曹刿为什么如此指挥作战。他答道:"打仗,全凭一股勇气。第一次擂鼓时,使战士们鼓足了勇气;第二次擂鼓时,士气就低落了;第三次再擂鼓,士气就完全丧失了。齐军勇气竭尽时,我军正士气充溢,所以打败了他们。但是大国的情形很难猜测,我怕他们有伏兵。我看见他们战车的轮迹乱了,望见他们的军旗倒下了,所以才追击他们。"

[春,齐侯以诸侯之师侵蔡[1]。蔡溃,遂伐楚。

楚子使与师言曰[2]:"君处北海,寡人处南海,唯是风马牛不相及也,不虞君之涉吾地也,何故?"管仲对曰[3]:"昔召康公命我先君太公曰:'五侯九伯[4],女实征之[5],以夹辅周室。'赐我先君履:东至于海,西至于河,南至于穆陵[6],北至于无棣[7]。尔贡苞茅不入[8],王祭不共[9],无以缩酒[10],寡人是征[11];昭王南征而不复[12],寡人是问。"对曰:"贡之不入,寡君之罪也,敢不共给?昭王之不复,君其问诸水滨!"

师进,次于陉[13]。

夏,楚子使屈完如师[14]。师退,次于召陵[15]。

齐侯陈诸侯之师,与屈完乘而观之。齐侯曰:"岂不榖是为[16],先君之好是继。与不榖同好,何如?"对曰:"君惠徼福于敝邑之社稷[17],辱收寡君,寡君之愿也。"齐侯曰:"以此众战,谁能御之?以此攻城,何城不克?"对曰:"君若以德绥诸侯,谁敢不服?君若以力,楚国方城以为城[18],汉水以为池,虽众,无所用之!"

屈完及诸侯盟。]

见《僖公四年·齐桓公伐楚盟屈完》

注释:

[1] 齐侯:齐桓公,名小白。蔡:国名,姬姓,在今河南汝南、上蔡、

新蔡一带。

　　[2] 楚子：指楚成王。

　　[3] 管仲：齐国大夫，名夷吾。

　　[4] 召（shào）康公：周成王时太保召公奭（shì）。太公：姜尚，齐国始封之君。五侯九伯：五侯，公侯伯子男五等爵；九伯，九州之长，这里泛指诸侯。

　　[5] 女：同"汝"。

　　[6] 穆陵：齐国地名，在今山东临朐（qú）县。

　　[7] 无棣：齐国北部边境，在今山东无棣县。

　　[8] 包茅：裹成捆的菁茅，楚国特产。

　　[9] 共：同"供"。

　　[10] 缩酒：渗酒，祭神的一种礼仪，把酒从茅上渗下，就如神饮了一般。

　　[11] 征：问。

　　[12] 昭王：周成王之孙周昭王，晚年荒于国政，南巡汉水时，当地人故意用一只胶粘的船给他，因而沉船而死。

　　[13] 陉（xíng）：山名，在今河南。

　　[14] 屈完：楚国大夫。

　　[15] 召陵：楚国地名，在今河南。

　　[16] 不穀：诸侯的谦称。

　　[17] 徼（yāo）：求。社稷：土神、谷神，用作国家代称。

　　[18] 方城：山名，在今河南。

译文：春天，齐桓公率领宋、鲁、陈、卫、郑、许、曹各诸侯的军队去打蔡国，蔡国军队溃败，接着又讨伐楚国。

　　楚成王派人到军中说："您在北方，我国在南方，就是马牛放牧走失了，也到不了对方国境之内的。没想到您走到我国来了，这是什么缘故呀？"管仲回答说："从前召康公命令我齐国先君太公说：'诸侯如犯有罪过，你可以去征讨他们，辅佐周王治理天下。'还赐给我先君征伐的范围：东到大海，西到黄河，南到穆陵，北到无棣。你们该进贡的裹束的菁茅不献进,以致天子祭祀时供应不上,没有东西用来滤酒,我要责问这件事。周昭王南巡到汉水,却没有回去,这件事情我也要问个清楚。"楚国使者回答说:"贡物没送上去,这是我们楚君的错误,今后岂敢不供应?至于昭王没有回去,您还是向汉水边的人去打听这件事吧。"

于是诸侯的军队向前推进,驻扎在陉地。

夏天,楚成王派屈完到诸侯的军中求和。诸侯的军队后撤,驻扎在召陵。

齐桓公将诸侯的军队摆好战阵,和屈完同坐一辆兵车去检阅队伍。桓公说:"这么多诸侯同来,难道兴兵是为了我吗?不过是为了继承先君的友好关系罢了。贵国和我国和平友好,怎么样?"屈完回答说:"承蒙君王为敝国求福,不惜蒙受耻辱而接受我楚君,这正是我楚君的愿望啊!"齐桓公说:"我用这样多的军队打仗,谁能抵御?用这些军队去攻城,哪个城攻克不了?"屈完回答说:"您要是用德行安抚诸侯,谁敢不服从?你如果要动用武力,楚国有方城山可以作为城墙,有汉水可作为护城河,您的军队再多,也没有什么用处。"

屈完和诸侯签订了盟约。

[晋侯复假道于虞以伐虢[1]。宫之奇谏曰[2]:"虢,虞之表也。虢亡,虞必从之。晋不可启,寇不可翫[3]。一之为甚,其可再乎?谚所谓'辅车相依[4],唇亡齿寒'者,其虞、虢之谓也!"

公曰:"晋,吾宗也[5],岂害我哉?"对曰:"大伯、虞仲,大王之昭也[6]。大伯不从[7],是以不嗣。虢仲、虢叔[8],王季之穆也[9],为文王卿士,勋在王室,藏于盟府。将虢是灭,何爱于虞?且虞能亲于桓、庄乎[10]?其爱之也。桓庄之族何罪,而以为戮,不唯逼乎?亲以宠逼,犹尚害之,况以国乎?"

公曰:"吾享祀丰洁,神必据我[11]。"对曰:"臣闻之,鬼神非人实亲,惟德是依。故《周书》曰:'皇天无亲,惟德是辅。'又曰:'黍稷非馨,明德惟馨。'又曰:'民不易物,惟德繄物。'

如是，则非德，民不和，神不享矣。神所冯依[12]，将在德矣。若晋取虞，而明德以荐馨香，神其吐之乎？"

弗听，许晋使。宫之奇以其族行，曰："虞不腊矣[13]！在此行也，晋不更举矣！"

冬，晋灭虢。师还，馆于虞，遂袭虞，灭之，执虞公。]

见《僖公五年·宫之奇谏假道》

注释：
[1] 晋侯：指晋献公。晋，国名，姬姓，封侯爵，所以晋国之君都称晋侯。晋国故地在今山西。复：又。僖公二年晋国已向虞借过一次路攻打虢（guó）国，灭下阳，所以说"复"。虞、虢都是春秋时的小国。

[2] 宫之奇：虞国大夫。

[3] 翫（wán）：忽视。

[4] 辅车：这里指面颊和牙床骨。

[5] 宗：同宗，晋国和虞国都是姬姓诸侯。

[6] 大伯、虞仲：周太王古公亶父的长子和次子，大同"太"。太王之昭：太王的儿子。昭，和下文的"穆"都指宗庙神主的位次。按古代宗庙制度，始祖神位居中，子在左，称昭，孙在右，称穆，以下顺次左右排列，分别辈次。

[7] 不从：太伯为长子，应当继承太王之位，但他认为小弟季历之子姬昌（即后来的周文王）有圣德，于是和大弟一起出走，以便季历继承王位，再传姬昌。

[8] 虢仲、虢叔：王季（即太王小儿子季历）的次子和三子，二人都封在虢。

[9] 王季之穆：王季在宗庙为昭，所以王季之子虢仲、虢叔为穆。

[10] 桓、庄：桓叔和庄伯，分别为晋献公曾祖、祖父。

[11] 据：依附，保佑。

[12] 冯：同"凭"。

[13] 腊：年终合祭众神。

译文：晋献公再次向虞公借路攻打虢国。宫之奇向虞公进谏说："虢国，是虞国的外部屏障，虢国一旦灭亡，虞国也一定会随之而亡，晋国的贪欲不可助长，对于敌寇不能够忽视。这种事情一次就很严重了，难道还可以再来一次吗？俗话说'面颊和牙床互相依存，嘴唇失掉了，牙齿就感到寒冷了'，这正是说的虞和虢的关系啊！"

虞公说："晋侯和我同一个祖宗，他怎么会害我呢？"宫之奇答道："太伯和虞仲，都是太王的儿子。太伯不从太王之命，因此不能继承王位。虢仲和虢叔，都是王季的儿子，做过文王卿士，他们对王室有大功，因功受封的典册保藏在掌管盟书的宫府，既然晋国连虢国也要灭掉，对虞国还有什么厚爱呢？再说，虞国还能够比桓叔、庄伯更亲近吗？晋侯应爱桓叔、庄伯的后代，桓叔、庄伯的后代有什么罪？晋侯都把他们杀掉了，不就是因为他们势大而威胁了他吗？虽然是至亲，因为宠势威胁到自己，尚且加害于他们，何况是为了一个国家呢？"

虞公说："我的祭品丰盛清洁，神一定保佑我。"宫之奇答道："我听说，鬼神不是以人为亲，只是依从德行。所以《周书》说：'上天不亲近哪个人，只帮助有德的。'又说：'祭祀的黍稷不是香气远扬的，只有明显的德行才芬芳远闻。'又说：'人们不必变换自己的祭品，唯有有德之人的祭品才会被神享受。'照此看来，没有德行，民众不和，他的祭品神也不会来享受。神依靠的，是德。如果晋国占领了虞国，再来修明德行，祭献馨香的祭品，难道神会吐了它吗？"

虞公不听，答应了晋国使者的要求。宫之奇带着他的家族离开了虞国，说："虞国之亡等不到年终腊祭了！晋国灭虞，就在这一次行动，不需要再次出兵了。"

这年冬天，晋国灭了虢国，军队返回时，驻扎在虞国，晋趁此机会偷袭虞国，灭掉虞，并抓住了虞公。

第十九章 《楚辞》导读

第一节 《楚辞》概说

楚辞是公元前四世纪到三世纪之间由楚国屈原等人在民间歌谣的基础上进行加工、创造而成的一种新的歌谣形式。它的句法参差错落,打破了《诗经》以四言为主的格调;篇幅也较长。这些都宜于反映更为复杂的思想内容。楚辞作品都是"书楚语,作楚声,纪楚地,名楚物"的,所以具有浓厚的地方色彩。汉代人把这种别具风格的文体称之为"楚辞",以后又称为"骚体"。

楚辞最主要的作家是屈原。屈原名"平","原"是他的字。他出生于楚国的贵族家庭,受过很好的文化教养,有着很高的文学和政治才能,青壮年时代颇得楚怀王信任。他向往于贤能政治,主张建立正确的法度,使国家富强。但他被谗见疏,此后又被流放,这期间虽曾被召回,但为时不久又被放逐,直到投水自沉。在流放期中,他面对着政治的腐败,国运的垂危,写出了许多悲愤沉痛、忧国忧民的诗歌。他的主要作品有《离骚》《九歌》《天问》《九章》等。

此外,如宋玉、唐勒、景差等人也是当时有名的楚辞作家;汉代的淮南小山、枚乘、王逸等人也写了一些模仿楚辞形式的作品,但无论在思想性或艺术性方面都比屈原差。

西汉刘向把屈原宋玉等人的作品和模仿楚辞形式的作品汇编成集,题为《楚辞》。现在最早的《楚辞》注本是东汉王逸的《楚辞章句》。现在较好的《楚辞》注本有宋洪兴祖《楚辞补注》、宋朱熹《楚辞集注》、清蒋骥《山带阁注楚辞》。近人闻一多、游国恩、陆侃如等,在楚辞的研究上也有许多精辟的见解。

第二节 《离骚》原文今译

[帝高阳之苗裔兮[1],
朕皇考曰伯庸。
摄提贞于孟陬兮[2],
惟庚寅吾以降。
皇览揆余初度兮,
肇锡余以嘉名。
名余曰"正则"兮,
字余曰"灵均"。
纷吾既有此内美兮,
又重之以修能。
扈江离与辟芷兮,
纫秋兰以为佩。
汨余若将不及兮,
恐年岁之不吾与。
朝搴阰之木兰兮,
夕揽洲之宿莽。
日月忽其不淹兮,
春与秋其代序,
惟草木之零落兮,
恐美人之迟暮。

不抚壮而弃秽兮,
何不改乎此度?
乘骐骥以驰骋兮,
来吾导夫先路!
昔三后之纯粹兮,
固众芳之所在。
杂申椒与菌桂兮,
岂惟纫夫蕙茝。
彼尧、舜之耿介兮,
既遵道而得路。
何桀、纣之猖披兮,
夫唯捷径以窘步。
惟夫党人之偷乐兮,
路幽昧以险隘。
岂余身之惮殃兮?
恐皇舆之败绩。
忽奔走以先后兮,
及前王之踵武。
荃不察余之中情兮,
反信谗而齌怒。
余固知謇謇之为患兮,
忍而不能舍也。
指九天以为正兮,
夫唯灵修之故也。
初既与余成言兮,
后悔遁而有他。

余既不难夫离别兮,
伤灵修之数化。
余既滋兰之九畹兮,
又树蕙之百亩;
畦留夷与揭车兮,
杂杜衡与芳芷。
冀枝叶之峻茂兮,
愿俟时乎吾将刈。
虽萎绝其亦何伤兮?
哀众芳之芜秽。
众皆竞进以贪婪兮,
凭不厌乎求索。
羌内恕己以量人兮[3],
各兴心而嫉妒。
忽驰骛以追逐兮,
非余心之所急。
老冉冉其将至兮,
恐修名之不立。
朝饮木兰之坠露兮,
夕餐秋菊之落英。
苟余情其信姱以练要兮,
长顑颔亦何伤!
擥木根以结茝兮,
贯薜荔之落蕊。
矫菌桂以纫蕙兮,
索胡绳之纚纚。

謇吾法夫前修兮,
非世俗之所服。
虽不周于今之人兮,
愿依彭咸之遗则。
长太息以掩涕兮,
哀民生之多艰。
余虽好修姱以鞿羁兮,
謇朝谇而夕替。
既替余以蕙纕兮,
又申之以揽茝。
亦余心之所善兮,
虽九死其犹未悔。
怨灵修之浩荡兮[4],
终不察夫民心。
众女嫉余之蛾眉兮,
谣诼谓余以善淫。
固时俗之工巧兮[5],
偭规矩而改错。
背绳墨以追曲兮,
竞周容以为度。
忳郁邑余侘傺兮,
吾独穷困乎此时也!
宁溘死以流亡兮,
余不忍为此态也!
鸷鸟之不群兮,
自前世而固然。

何方圆之能周兮，
夫孰异道而相安？
屈心而抑志兮，
忍尤而攘诟。
伏清白以死直兮，
固前圣之所厚。
悔相道之不察兮，
延伫乎吾将反。
回朕车以复路兮，
及行迷之未远。
步余马于兰皋兮，
驰椒丘且焉止息。
进不入以离尤兮，
退将复修吾初服。
制芰荷以为衣兮，
集芙蓉以为裳。
不吾知其亦已兮。
苟余情其信芳。
高余冠之岌岌兮。
长余佩之陆离。
芳与泽其杂糅兮[6]，
惟昭质其犹未亏。
忽反顾以游目兮，
将往观乎四荒。
佩缤纷其繁饰兮，
芳菲菲其弥章。

民生各有所乐兮,
余独好修以为常。
虽体解吾犹未变兮,
岂余心之可惩?
女媭之婵媛兮[7],
申申其詈予。
曰:"鲧婞直以亡身兮,
终然夭乎羽之野。
汝何博謇而好修兮,
纷独有此姱节?
薋菉葹以盈室兮,
判独离而不服。
众不可户说兮,
孰云察余之中情?
世并举而好朋兮,
夫何茕独而不予听?"
依前圣以节中兮,
喟凭心而历兹。
济沅、湘以南征兮,
就重华而陈辞:
"启《九辩》与《九歌》兮,
夏康娱以自纵。
不顾难以图后兮,
五子用失乎家巷。
羿淫游以佚畋兮,
又好射夫封狐。

固乱流其鲜终兮，
浞又贪夫厥家。
浇身被服强圉兮，
纵欲而不忍。
日康娱以自忘兮，
厥首用夫颠陨[8]。
夏桀之常违兮，
乃遂焉而逢殃。
后辛之菹醢兮，
殷宗用而不长。
汤、禹俨而祗敬兮，
周论道而莫差。
举贤而授能兮，
循绳墨而不颇。
皇天无私阿兮，
览民德焉错辅。
夫维圣哲以茂行兮，
苟得用此下土。
瞻前而顾后兮，
相观民之计极。
夫孰非义而可用兮？
孰非善而可服？
阽余身而危死兮，
览余初其犹未悔。
不量凿而正枘兮，
固前修以菹醢。

曾歔欷余郁邑兮,
哀朕时之不当。
揽茹蕙以掩涕兮,
沾余襟之浪浪。"
跪敷衽以陈辞兮,
耿吾既得此中正。
驷玉虬以乘鹥兮,
溘埃风余上征。
朝发轫于苍梧兮,
夕余至乎县圃。
欲少留此灵琐兮,
日忽忽其将暮。
吾令羲和弭节兮,
望崦嵫而勿迫。
路曼曼其修远兮,
吾将上下而求索。
饮余马于咸池兮,
总余辔乎扶桑。
折若木以拂日兮,
聊逍遥以相羊。
前望舒使先驱兮,
后飞廉使奔属。
鸾皇为余先戒兮,
雷师告余以未具。
吾令凤鸟飞腾兮,
继之以日夜。

飘风屯其相离兮,
帅云霓而来御。
纷总总其离合兮,
斑陆离其上下。
吾令帝阍开关兮,
倚阊阖而望予。
时暧暧其将罢兮,
结幽兰而延伫。
世溷浊而不分兮,
好蔽美而嫉妒。
朝吾将济于白水兮,
登阆风而绁马。
忽反顾以流涕兮,
哀高丘之无女。
溘吾游此春宫兮,
折琼枝以继佩。
及荣华之未落兮,
相下女之可诒。
吾令丰隆乘云兮,
求宓妃之所在。
解佩纕以结言兮,
吾令蹇修以为理。
纷总总其离合兮,
忽纬繣其难迁。
夕归次于穷石兮,
朝濯发乎洧盘。

保厥美以骄傲兮，
日康娱以淫游。
虽信美而无礼兮，
来违弃而改求。
览相观于四极兮，
周流乎天余乃下。
望瑶台之偃蹇兮，
见有娀之佚女。
吾令鸩为媒兮，
鸩告余以不好。
雄鸠之鸣逝兮，
余犹恶其佻巧。
心犹豫而狐疑兮。
欲自适而不可。
凤皇既受诒兮，
恐高辛之先我。
欲远集而无所止兮，
聊浮游以逍遥，
及少康之未家兮，
留有虞之二姚。
理弱而媒拙兮，
恐导言之不固。
世溷浊而嫉贤兮，
好蔽美而称恶。
闺中既以邃远兮，
哲王又不寤。

怀朕情而不发兮,
余焉能忍而与此终古!
索琼茅以筵兮,
命灵氛为余占之。
曰:"两美其必合兮,
孰信修而慕之?
思九州之博大兮,
岂唯是其有女?"
曰:"勉远逝而无狐疑兮,
孰求美而释女?
何所独无芳草兮?
尔何怀乎故宇?"
世幽昧以眩曜兮,
孰云察余之善恶?
民好恶其不同兮,
惟此党人其独异。
户服艾以盈腰兮,
谓幽兰其不可佩。
览察草木其犹未得兮,
岂珵美之能当?
苏粪壤以充帏兮,
谓申椒其不芳。
欲从灵氛之吉占兮,
心犹豫而狐疑。
巫咸将夕降兮,
怀椒糈而要之。

百神翳其备降兮，
九嶷缤其并迎。
皇剡剡其扬灵兮，
告余以吉故。"
曰："勉升降以上下兮，
求矩矱之所同。
汤、禹俨而求合兮，
挚、咎繇而能调。
苟中情其好修兮，
又何必用夫行媒？
说操筑于傅岩兮，
武丁用而不疑。
吕望之鼓刀兮，
遭周文而得举。
宁戚之讴歌兮，
齐桓闻以该辅。
及年岁之未晏兮，
时亦犹其未央。
恐鹈鴂之先鸣兮，
使夫百草为之不芳！"
何琼佩之偃蹇兮，
众薆然而蔽之。
惟此党人之不谅兮，
恐嫉妒而折之。
时缤纷其变易兮，
又何可以淹留？

兰芷变而不芳兮，
荃蕙化而为茅。
何昔日之芳草兮，
今直为此萧艾也？
岂其有他故兮？
莫好修之害也！
余以兰为可恃兮，
羌无实而容长。
委厥美以从俗兮，
苟得列乎众芳。
椒专佞以慢慆兮，
樧又欲充夫佩帏。
既干进而务入兮，
又何芳之能祗？
固时俗之流从兮，
又孰能无变化？
览椒兰其若兹兮，
又况揭车与江离？
惟兹佩之可贵兮，
委厥美而历兹。
芳菲菲而难亏兮，
芬至今犹未沫。
和调度以自娱兮，
聊浮游而求女。
及余饰之方壮兮，
周流观乎上下。

灵氛既告余以吉占兮，
历吉日乎吾将行。
折琼枝以为羞兮，
精琼靡以为粻。
为余驾飞龙兮，
杂瑶象以为车。
何离心之可同兮？
吾将远逝以自疏。
邅吾道夫昆仑兮，
路修远以周流。
扬云霓之晻蔼兮，
鸣玉鸾之啾啾。
朝发轫于天津兮，
夕余至乎西极。
凤皇翼其承旗兮，
高翱翔之翼翼。
忽吾行此流沙兮，
遵赤水而容与。
麾蛟龙使梁津兮，
诏西皇使涉予。
路修远以多艰兮，
腾众车使径待。
路不周以左转兮，
指西海以为期。
屯余车其千乘兮，
齐玉轪而并驰。

驾八龙之婉婉兮，
载云旗之委蛇。
抑志而弭节兮，
神高驰之邈邈。
奏《九歌》而舞《韶》兮，
聊假日以偷乐。
陟升皇之赫戏兮，
忽临睨夫旧乡。
仆夫悲余马怀兮，
蜷局顾而不行。
乱曰：已矣哉！
国无人莫我知兮，
又何怀乎故都？
既莫足与为美政兮，
吾将从彭咸之所居[9]！]

注释：

[1] 高阳：即颛顼（zhuān xū），楚国的远祖。

[2] 摄提：即摄提格，寅年的别称。贞：正当……之时。孟：开端。陬（zōu）：正月。

[3] 羌：发语词，无义。

[4] 浩荡：大水横流，比喻楚王行为放纵。

[5] 工巧：工匠。

[6] 泽：殬（dù）的假借字，腐臭物。

[7] 女媭（xū）：屈原姊。

[8] 用夫：因而。

[9] 彭咸：商朝一大夫，因直谏不听，投水而死。

译文： 我是古代高阳大帝光辉的后裔，
我父亲是广受人尊敬的伯庸。
岁星照射提格第一线春光的寅月，
恰逢庚寅这一天我来到了美好的人间。
家父观察我新生就有不平凡的气度，
考虑赐我富含深意的嘉名。
定我本名为正则，
称我的字号为灵均。
我既具有这些丰富美好的内在本质，
又加以孜孜不倦的学习和修养。
肩上披着芳香的江离和芷草，
又用秋兰缝纫成佩带系在腰上。
光阴如梭赶不上啊，
生怕无情的岁月不肯饶人。
天刚亮我爬上山冈采摘木兰啊，
又到沙汀扯冬天不死的宿莽到黄昏。
日月如梭不停地升降啊，
春秋车轮似的循环更替。
草枯草荣，花开花落啊，
生怕美人宝贵的青春过早凋零。
你为什么不趁青壮盛年汰污去秽啊，
你为什么耽于积习而因循不改？
骑上骏马奋勇奔驰啊，
我愿跑在最前为你开径引路。
从前三王的品德完美纯粹啊，
他们治理国家芳草遍地，群贤聚集。
田园杂集着香椒和肉桂啊，
岂止从山谷采集的蕙草和茝草？
唐尧虞舜为人治国多么伟大正直啊，

他们引导人民走着坦途正道。
夏桀、殷纣多么放纵猖狂啊,
贪捷径走邪道终不免国破身亡。
结党营私的小人一味苟且偷安啊,
把国家拖到黑暗而险恶的路上。
我不怕个人招灾惹祸啊,
最怕国王的车折断大梁。
我匆忙奔走在车前车后照料啊,
希望君王接踵先王学榜样。
君王不理我的一片忠诚啊,
听信谗言对我怒火万丈。
我本来知道忠言直谏会遭祸啊,
原想忍耐但实在难以舍割弃放。
上指苍天请为给我作证啊,
我的一切都是为君王着想。
当初你约谈我信誓旦旦啊,
忽反悔并带着他人对我怒目金刚。
我并不难于和你分离啊,
伤心的是你志数易变,反复无常。
我栽种溉养了九顷的春兰啊,
百亩蕙草的浓香在天地间溢洋;
在地里一行行种植留夷和揭车啊,
套种的杜衡和香芷也很兴旺。
盼望它们枝叶繁荣茂盛啊,
我高兴地等待收割的美好时光。
哪怕少量枯萎绝收也不要紧啊,
最使我痛心的是香草变质烂成臭瓢。
一伙人争向上爬而又贪婪凶狠啊,
搜刮民脂民膏凶狠地爪舞牙张。

用小人之心度君子之腹啊，
疑神疑鬼，相互妒忌得发狂。
他们鞭打快马追逐名利啊，
我所关心的事情与他们大不一样。
衰老的暮年在悄悄地来临啊，
我只怕名实相副的好名声难以立彰。
清晨，我啜饮木兰花瓣上流下的甘露，
黄昏，我烹饪深秋老菊的落英充饥肠。
只要我内心修炼得纯洁完美，
哪怕长久贫困得面黄肌瘦也不悲伤。
我在木兰的树根上系上芳芷，
又用薜荔把落下的花蕊串上。
举起菌桂的枝干纫制蕙带，
还把喷香的延胡索编织成衣裳。
我这样认真学习先贤的美德，
很明显不为世俗所赞赏。
纵然不合于今人的习惯，
但我仍要以商代彭咸的规则为榜样。
我长声叹息啊，不停地擦泪水，
痛心啊，同胞们在水深火热中成批死亡。
我尽管内心忠贞，行为谨慎，
谁料到朝进谏当晚就被逐于野荒。
他们用结蕙为带的罪名罢免我，
我污蔑我采摘芳草自我张扬。
只要我内心崇奉善良行为，
哪怕一身九死也不后悔，更不退让。
只怪君王太疏忽太大意啊，
根本不肯去了解人心的背向。
那些女人妒忌我美好的眉眼，

散步流言蜚语污蔑我行为淫荡。
世俗的人们啊,习惯玩弄刁巧,
不讲规矩,却在邪门歪道趾高气扬。
脱离规范和准则去依邪附曲啊,
争相苟合取容,阿谀奉迎,丧失立场。
郁闷啊,真是去留两难,进退无依,
我陷入穷困的深渊,如此倒霉遭殃!
我宁愿突然死去,魂飞魄散,
也不忍心做出丑态,屈膝投降。
刚勇的雄鹰从来不混身于众鸟,
自古好汉总是胸挺首昂。
哪有方和圆能随遇而合?
哪有不同道者在一起相安无妨?
我委屈自己的本心压制自己的意愿,
强忍着世俗的严厉责骂和恶毒中伤。
清白地活着,正直地死去,
这本是前圣厚重的人格力量。
只悔当初没有看清楚路径,
我犹豫不决,徘徊观望。
调转我的车头走上原路,
趁此迷途还不是太远太长。
我放马在兰坡吃草啊,
我登上那高丘休憩静心思:
进取吗?必定不被接纳,反遭白眼,
还是回头吧,洗涤整修我当初着装。
采摘青翠的荷叶制为我的上衣,
收集馥郁的莲花缝成我的下裳。
世人不了解我由他去吧,
只要我内心洁白而芬芳。

我戴上岌岌颤巍的高帽子啊,
系上斑驳陆离的长飘带。
芳香润泽交织成一气,
我洁白的品质幸未受到损害。
忽回头放眼张望,
将登高远眺辽阔的四荒。
佩带琳琅缤纷,文采耀眼,
芳菲扑鼻,虽经久还是愈来愈香。
人生各有各的爱好和欢乐,
我独喜欢修养德性,年深日久成为惯常。
纵使我身体受到肢解也无怨无悔啊,
难道我一片丹心可被凌殇?
善良仁爱的女嬃啊,如此眷恋伤怀,
对我反复批评、善意斥责、耐心规匡。
你告诉我:"鲧性刚直自信,不考虑退路,
结果流放羽山,遭受极刑,魂游魄荡。
你何必那么倔强,洁身自好啊,
你独有的节操像繁花四射光芒?
人们把杂草野花堆积满屋,
你却不学一点通脱并对之不屑一望。
不学通脱必致众恶,你没法沿门逐户解释,
有谁能真正理解你的心肝腑脏?
世人都好同恶异拉帮结党,
你却孤寂把女嬃的话当耳边吹风一样?"
依照前圣的教诲立身中道,
问心无愧为何落到如此下场?
渡过沅水、湘水向南方奔走啊,
我到舜帝身边去陈诉衷肠:
"夏启《九辩》《九歌》本为教育民众,

夏康却用来寻欢作乐，意得形忘。
不考虑未来的困难，也不防患于未然，
累及五个年幼的弟弟跟随阿妈逃亡。
后羿放纵无忌地游巡狩猎，
又好追射山中的长毛狐狸精。
乱臣贼子没有能侥幸善终的，
寒浞趁机霸占了他的家庭。
浇是寒浞之子，身强体壮，争强好胜，
放纵情欲而不能自制自忍。
日夜寻欢作乐，酒醉如乱泥，
转眼间兵败身亡，头如瓜滚。
夏桀残暴，违反常理，
于是理所当然地破国粉身。
纣王把贤臣剁成肉酱，
殷代的统治由此而永久湮沦。
夏禹成汤庄严而又小心谨慎，
文王论道没有差错，治国也不一意孤行。
他们都任人唯贤，因才授职，
依法不偏不颇，守制正直、公平。
皇天对列国君王都无私怜偏爱，
遍察人间有德者，给以扶助，一视同仁。
唯有竣德明哲而又奋力向上的君王，
才有资格成为这片沃土的主人。
既要瞻前又要顾后啊，
更要高度地关心民生。
哪有不守信义的而被重用？
不讲善德的怎能征服人心？
我即使身陷绝境而面临死亡，
回顾过往我丝毫不懊悔我的坚贞。

不量凿孔的大小就径直打入正枘,
前代不少贤臣因此被砍成肉酱烹饪。
我郁闷难受,不停地吞声饮泣啊,
只有哀叹生不逢时,忠奸不做区分。
抓一把柔软的蕙叶擦拭泪眼,
泪珠儿如浪翻滚,湿透了衣襟。"
跪在舜帝面前我痛苦地倾诉啊,
更明白自己要坚持忠诚正直的精神。
套上四条玉龙牵引我鸾凤的彩车,
顺着扬尘巽风我要腾天飞奔。
早晨我从苍梧的原野出发,
傍晚我到达悬圃接近昆仑。
好想在神山的大门前休息一会儿,
可太阳拉不住地往西山下沉。
我命令太阳的驾车人羲和缓慢挥鞭,
到了太阳过夜的崦嵫山也不要靠近。
前路啊漫漫无际而又遥远,
我还要上天下地四面八方去寻觅贤臣。
让我的马在咸池喝水啊,
把马缰绳拴在扶桑。
折下若木枝来挡回太阳啊,
我暂且逍遥地徜徉。
我想叫前面的望舒做先驱啊,
让飞廉在后面紧步跟上。
叫凤凰在前面为我警卫啊,
雷师却说还没安排妥当。
我叫凤凰高飞啊,
日夜不懈地奔向前方。
旋风结聚不散啊,

率领着云车迎接灿烂的霞光。
乱纷纷地忽散忽聚啊,
斑驳陆离的奇彩上下闪亮。
我要天门的守卫者开门啊,
他却倚靠门框傲慢地把我打量。
日光渐暗时间已晚啊,
我寄情于幽兰,久久徘徊彷徨。
这个世界不分浑浊善恶啊,
总爱妒忌他人并抹杀其所长。
清晨我将渡过白水啊,
登上阆风山把马拴在树桩。
忽然回看就流下眼泪啊,
可叹这高山上没有我理想的姑娘。
我飘然游到春神的宫中啊,
折下玉树枝点缀在我的环佩上。
趁这玉树枝上的好花还没有零落啊,
我要寻找下界接受我赠送的妙龄女郎。
我教丰隆驾起云彩啊,
去寻找宓妃的住房。
解下香囊来致意啊,
请蹇修做媒替我表述我的心驰神往。
对方的意图不明,若即若离啊,
忽然别扭起来,没有通融的地方。
她黄昏回到穷石山过夜啊,
清晨用洧盘水把头发洗涤得乌黑发亮。
她仗着美色骄傲啊,
成天寻欢作乐,不受约束,荒淫放荡。
虽然美丽但不守礼法啊,
我只好丢开此心另寻芬芳。

环顾辽远的四方啊,
在天上周游一遍再慢慢回旋下降。
遥望高耸的玉台啊,
看到有娀氏的美女正站在玉台上。
我请鸩鸟去做媒啊,
它骗我,说她不够贤良;
想请能说善道的雄鸡做媒啊,
我又嫌它诡诈轻狂。
我满心犹豫和怀疑啊,
想自己前去又怕把事情弄僵。
凤凰已去送过聘礼啊,
恐怕高辛先我下手强抢。
想远走高飞却又无处安居啊,
只好暂时在这里逍遥流浪。
想趁少康尚未成家啊,
我去靠近有虞国两位美女的身旁。
媒人既无能力又木讷啊,
恐怕撮合的言辞毫无力量。
世间浑浊生蠹却嫉妒伤害贤人啊,
总是隐人美德而夸大别人的疵疮。
美女的闺房那样幽深而难接近啊,
君王不学无术而又昏庸莽撞。
抱着满腔的忠贞激情无处诉说啊,
我怎能长久忍耐,默然无声地窒亡?!
我找来灵草和细竹啊,
请灵氛给我卜个卦指明方向。
神巫说道:"美好的双方必将结合啊,
哪有真正的美人而不爱好儿郎?
想想天下是多么广大啊,

难道只有这个地方的花最香?"
神巫又说:"奉劝你远走四方不要迟疑啊,
寻求贤才者怎能让你这条大鲤漏网?
天涯何处无芳草啊,
你何苦眷恋旧地而不退让?"
世界黑暗得让人眼光迷乱啊,
谁能分辨我是丑恶还是善良?
人们的善恶观点本来不一致啊,
独有这帮小人怪诞的世上无双。
小人把艾蒿挂满腰间啊,
反说幽兰不能佩带在身上。
连优劣的草木都不能识别啊,
对美玉怎能评判鉴赏?
拿着粪土装满香袋啊,
反而说申椒气味不善不香。
想听从灵氛占卦的好话啊,
但我满腹疑惑,全心惆怅。
听说巫咸今晚要降临啊,
我抱着香椒精米去虔诚敬香。
神灵们遮天蔽日地一齐到来啊,
九嶷山迎神的队伍排列成数十行。
他们神光闪闪地显示精诚啊,
巫咸把前代君臣的佳话大肆宣扬。
他说:"你应该努力上天下地啊,
努力寻求志同道合者携手共创。
商汤、夏禹恭敬地求贤啊,
终于得到伊尹、皋陶这类贤能干将。
只要内心真善、美洁、守信啊,
何必要媒人四处张罗劝讲?

傅说用梼杵在傅岩筑墙啊,
武丁毫不犹豫地用他为相。
吕望本是屠夫啊,
他被抬举重用是有幸遇到了周文王。
宁戚喂牛敲着牛角唱歌啊,
齐桓公却请他贴身辅助整顿朝纲。
趁现在还年轻有为啊,
施展才华有非常充裕的大好时光。
只怕伯劳鸟叫得太早啊,
抑制得百草不能按时吐芳!"
为何我的玉佩顿然失色啊,
因为大家都在掩蔽它的光芒。
这帮小人没有信用啊,
即使出于嫉妒也要折断它的脊梁。
时世纷乱变化无常啊,
我又怎么可以在这里留居闲逛?
兰草芷草失掉了香味啊,
荃草蕙草也变成茅莠被抛弃在粪凶。
为什么从前的香草啊,
如今发出萧艾臭气,强呛鼻腔?
岂有什么别的缘故啊?
莫不是他们不自爱自励而自遭灾殃!
我本以为兰草可以依靠啊,
它却华而不实,徒有美丽的容相。
抛弃美德去追随世俗啊,
勉强列入众芳必遭被唾弃的下场。
香椒专横跋扈、傲慢谄媚啊,
连榝木也想伪装进入香囊。
既然这么热衷钻营啊,

真正的香草怎能吐鲜蕊扬芬芳?
本来世人就善于随波逐流啊,
谁还能毫不动摇地坚持立场?
看到香椒兰草都是这样啊,
揭车和江离能够怎样?
独有我的环佩真实可贵啊,
其坚贞的美德到此时还保持原状。
香气浓郁从不减弱啊,
到今天不仅未消失,还与时俱香。
我调度和谐地自我娱乐啊,
为寻求美女而飘流到远方。
趁现在服饰正当盛美啊,
我要周游天上地下不停地展示推广。
灵氛已把吉卦告诉了我啊,
我将选个好日子策马驱车直前勇往。
折下玉树枝作肉脯啊,
把美玉捣成细末当作食粮。
为我驾起飞龙快马啊,
杂用美玉和象牙镶嵌修饰车厢。
两人心灵不同怎能融洽相处啊?
我将远走高飞,自疏顶礼膜拜的君皇。
我把行程转向昆仑山啊,
路途曲折回环,遥远而漫长。
扯住飞扬的云霞遮住太阳啊,
车上的玉铃左右摇动,当当作响。
清晨从天河渡口出发啊,
傍晚我就到达最远的西山岗。
凤凰展翅接着旌旗啊,
飞得又高远又整齐又辉煌。

我忽然到了茫茫的流沙地带啊,
姑且慢慢地沿着赤水悠然闲趟。
指挥蛟龙搭起行车的桥梁啊,
命令西皇渡我到对岸的饮马塘。
路途遥远而又艰险啊,
招呼众车夫停车路边喂马粮。
经过不周山向左转啊,
指定西海作为相会休憩的地方。
再把千百辆车子集合起来啊,
并排着玉轮飞驰,沙尘扬起遮天苍。
八龙驾车婉转多姿啊,
云霞般的旗帜随风飘扬。
且抑制壮志激情而调整节奏而缓行啊,
但心神驰骋的想象更悠远更宽广。
奏着《九歌》舞起《九韶》啊,
且借大好时光欢乐,让心情放松欢畅。
东升的太阳光辉明媚,温情脉脉啊,
我忽然向下瞥见并强烈地思念起了故乡。
仆夫潸然泪下,马也怀念悲伤啊,
疲惫不堪,退缩回顾,消减了前进的力量。
尾声:算了罢!
国内既然无人理解我的心愿啊,
我何必死抱着思念故都的情怀不放?
他们既然不让我实现美好的理想,
我只好跟随彭咸投河而水葬!

参考书目

[1] 阮元. 十三经注疏 [M]. 杭州：浙江古籍出版社，1998.

[2] 陆德明. 经典释文 [M]. 北京：中华书局，1983.

[3] 章太炎. 国学概论 [M]. 北京：中华书局，2003.

[4] 冯友兰. 中国哲学史 [M]. 北京：商务印书馆，2009.

[5] 朱自清. 经典常谈 [M]. 长沙：岳麓书社，2010.

[6] 康桥，王坤. 理解国学 [M]. 上海：上海远东出版社，2011.

[7] 谭平，万平. 国学经典导论 [M]. 北京：人民出版社，2010.

[8] 孔泽人. 白话三玄 [M]. 郑州：中州古籍出版社，1991.

[9] 朱熹. 四书集注 [M]. 长沙：岳麓书社，1983.

[10] 刘宝楠. 论语正义 [M]. 北京：团结出版社，1996.

[11] 焦循. 孟子正义 [M]. 北京：中华书局，1957.

[12] 董洪利. 孟子研究 [M]. 南京：江苏古籍出版社，2001.

[13] 朱熹. 周易本义 [M]. 北京：中华书局，2009.

[14] 殷品，珍泉. 周易的智慧 [M]. 兰州：甘肃文化出版社，2004.

[15] 王夫子. 周易外传 [M]. 北京：中华书局，1977.

[16] 宋祚胤. 周易经传异同 [M]. 长沙：湖南师范大学出版社，1990.

[17] 阮元. 十三经注疏·尚书正义 [M]. 杭州：浙江古籍出版社，1998.

[18] 张居正. 评讲尚书 [M]. 上海：上海辞书出版社，2007.

[19] 江灏，钱宗武. 今古尚书全译 [M]. 贵阳：贵州人民出版社，1990.

[20] 王世舜. 尚书译注 [M]. 成都：四川人民出版社，1982.

[21] 朱熹. 诗经集注 [M]. 上海：上海古籍出版社，1980.

[22] 高亨. 诗经今注 [M]. 上海：上海古籍出版社，1986.

[23] 章太炎，等. 诗经二十二讲 [M]. 北京：华夏出版社，2009.

[24] 朱东润. 诗三百篇探故 [M]. 上海：上海古籍出版社 1981.

[25] 阮元. 十三经注疏·礼记正义 [M]. 杭州：浙江古籍出版社，1998.

[26] 余超. 儒学经典译丛——礼记（英汉对照）[M]. 济南：山东友谊出版社，1999.

[27] 孙诒让. 墨子间诂 [M]. 北京：团结出版社，1996.

[28] 谭戒甫. 墨经分类译注 [M]. 北京：中华书局，1991.

[29] 王弼. 老子注 [M]. 北京：团结出版社，1996.

[30] 王先谦. 庄子集解 [M]. 北京：团结出版社，1996.

[31] 陈鼓应. 庄子今注今译 [M]. 北京：中华书局，1983.

[32] 王先谦. 荀子集解 [M]. 北京：团结出版社，1996.

[33] 王先慎. 韩非子集解 [M]. 北京：中华书局，1960.

[34] 孙星衍. 白话解孙子兵法 [M]. 天津：天津古籍出版社，1990.

[35] 高诱. 吕氏春秋注 [M]. 北京：团结出版社，1996.

[36] 阮元. 十三经注疏·春秋左传正义 [M]. 杭州：浙江古籍出版社，1998.

[37] 阮元. 国语 [M]. 北京：华龄出版社，2002.

[38] 刘白辑. 战国策 [M]. 上海：上海古籍出版社，1978.

[39] 朱熹. 楚辞集注 [M]. 上海：上海古籍出版社，1979.

[40] 胡文英. 屈骚指掌 [M]. 北京：北京古籍出版社，1979.

[41] 宗九奇. 屈原诗歌新译 [M]. 南昌：江西人民出版社，1980.

[42] 杨逢彬. 汉英对照中国古典名著丛书：楚辞（汉英对照文白对照）[M]. 许渊冲，译. 长沙：湖南出版社，1995.

[43] 陈清等点校. 诸子集成 [M]. 北京：团结出版社，1996.

[44] 陈桐生译注. 国语 [M]. 北京：中华书局，2013.

[45] 朱熹. 四书集注 [M]. 陈戍国标点. 长沙：岳麓书社，2004.

[46] 杨伯峻. 春秋左传注 [M]. 北京：中华书局，1981.

[47] 林庚，冯沅君. 中国历代诗歌选 [M]. 北京：人民文学出版社，1981.

[48] 二十二子 [M]. 上海：上海古籍出版社，1986.

后 记

"文革"结束后,国学热几度兴起。学国学的人愈来愈多,各种国学辅导班、学习班纷纷涌现,也先后出现了一些辅导国学的教材或专著,这是可喜的现象。值得注意的是广大少年儿童学习国学的人数不断增多,许多家长自购教材在学校课程以外的时间让儿童朗诵背读,有的家长甚至不让自己的孩子进普通小学而直接送往私人(多为个体)办的私塾去读国学。这种现象有日渐增多之势。在国家提倡私人办学的政策下,我们对私塾不能简单否定,但这些私塾办学目标不一致,因而所用教材五花八门。综观这类私塾和一些家庭所用的教材,使用得最多的是《弟子规》《千字文》《三字经》《幼学故事琼林》等。八十多年前,我在祖父办的蓄艾学塾,也是前几年读这些蒙童读物,然后才是四书五经、先秦诸子等。这是一种两步走的方法,现在看来,在科举制已经废止一百多年,现代学制学校已经普及的条件下,青少年学国学,可以不必再分两步走,从一开始就直接精读四书五经、先秦诸子等真正本原的国学经典,当然不是机械地每本书从头到尾读完一本,再读一本,而是从每本国学经典中选择其最符合经典作家思想体系、本质特征,历经久远、影响深广,至今仍不失其现实意义与启发作用的篇章和名言警句。这样做的好处有:一方面使青少年较早接触国学经典的大体面貌,较早接触作为中国文化基因的国学经典精神实质,为进一步全面系统深入研究国学提早打下基础;另一方面,则为青少年节约宝贵的青春时间,使他们在现代学制学校里学习现代文化科学，不致增加太重负担。这是我编写这本综合性辅导国学经典读物的原因。

2013年，时逢祖父叶文洪老先生参加孙中山讨伐袁世凯的二次革命一百周年。祖父在南京保卫战中三个多星期未下城楼，三次打退张勋辫子军的进攻，终因寡不敌众、弹尽援绝。二次革命失败后，祖父回汉口刘家庙（现武汉江岸）创办蓄艾学塾。当时科举制度已废，现代学制学校尚未普及，私塾起了填补断层的历史性作用。祖父办学，对不少家庭贫困学生尽量减收、免收学费，有的学生无钱买课本，祖父手抄很多课本免费发给贫家学生。学生、家长都很感动，勤奋学习，学有所成。祖父办的蓄艾学塾持续约四十年，后来转为国民小学，我叔父还在国民小学教了几年书。2013年，为了纪念祖父创办蓄艾学塾一百年，我加速了编写本书的进度，完成初稿，2014年又作了重新修改。

国学经典博大精深，本人学力水平有限，编写这样一本书，错误在所难免，不足之处一定很多，尚望大雅君子批评指正。

十分感谢湖南大学文学院沈端民教授，他在百忙中挤时间审阅本书书稿，提出了很多宝贵意见，并亲自动手作修改，又拨冗为本书作序。湖南师大出版社李阳先生，湖南郴电国际付国先生，为本书的编辑出版给予大力支持，在此一并感谢。

本书编写过程中参阅了大量前人有关国学研究成果，使笔者在版本确定、取材范围、注疏选择等方面获益良多，在古文的白话翻译方面得以选择善本，如《尚书》选自张居正为万历皇帝编写的皇家读本；《易经》《庄子》选自孔泽人《白话三玄》；《楚辞》选自英汉双语译本中杨逢斌的汉译本。其余诸章间出己意，并博采众长，有片言足决疑者，有一字堪为师者，不及一一赘述。谨列芳名及大作名称于参考书目。在此一并致谢。

叶汉声

2015年春节于岳麓山